Destrave seu Dinheiro – Método Express de Cocriação de Nova Realidade Financeira

2ª edição: Setembro 2023

Autor:
William Sanches

Projeto gráfico:
Claudio Szeibel
designed by freepik.com

Revisão:
Érica Coutinho
3GB Consulting

DADOS INTERNACIONAIS DE CATALOGAÇÃO NA PUBLICAÇÃO (CIP)

Sanches, William
Destrave seu dinheiro : método express de cocriação de nova realidade financeira / William Sanches.
– Porto Alegre : CDG, 2020.
192 p.

ISBN: 978-65-87885-19-3

1. Finanças pessoais - Aspectos psicológicos 2. Dinheiro 3. Sucesso

CDD 332.024

20-4401

Angélica Ilacqua - Bibliotecária - CRB-8/7057

Produção editorial e distribuição:

CITADEL
Grupo Editorial

contato@citadel.com.br
www.citadel.com.br

William Sanches

DESTRAVE SEU DINHEIRO

MÉTODO EXPRESS DE COCRIAÇÃO DE NOVA REALIDADE FINANCEIRA

SUMÁRIO

PASSO 1

O poder de grandes sonhos

Estou feliz porque abri as portas e convidei o dinheiro para entrar. Ele é meu amigo e veio para ficar.

Que bom que você está **com este livro em mãos!**

Você deu um passo muito importante para trabalhar o seu dinheiro.

A primeira coisa que temos que entender é que nós fazemos nosso dinheiro, nossa riqueza, nossa prosperidade. Você só pode seguir se assumir esse compromisso aqui e agora!

Você deve estar se perguntando como vai fazer para destravar seu dinheiro, sua riqueza, sua prosperidade, pois pode ter pensamentos do tipo: "Meu dinheiro foi travado a vida inteira", "Eu sou de uma família pobre, lá ninguém tem dinheiro", ou lembrando pessoas que até têm dinheiro, mas ele entra e sai, parece um buraco sem fundo. Então vamos trabalhar neste livro diversas crenças que você teve ao longo da sua vida relacionadas ao seu financeiro.

Este livro é específico para trabalhar o seu dinheiro. **Ele é uma energia,** então vamos imaginar que todas as energias estivessem à nossa volta, como balões, como se fossem balõezinhos de diálogo de gibis. Vamos imaginar que existe o balãozinho da dor, da angústia, da infelicidade, da raiva, da escassez ou da pobreza, e essas energias vão formando balõezinhos à nossa volta que, ao longo da nossa vida, vão fazendo com que fiquemos travados, porque eles vão criando em torno de nós uma atmosfera de bloqueio, e mais disso acontece para nós. E é sobre isso que iremos estudar neste livro, de maneira simples e objetiva.

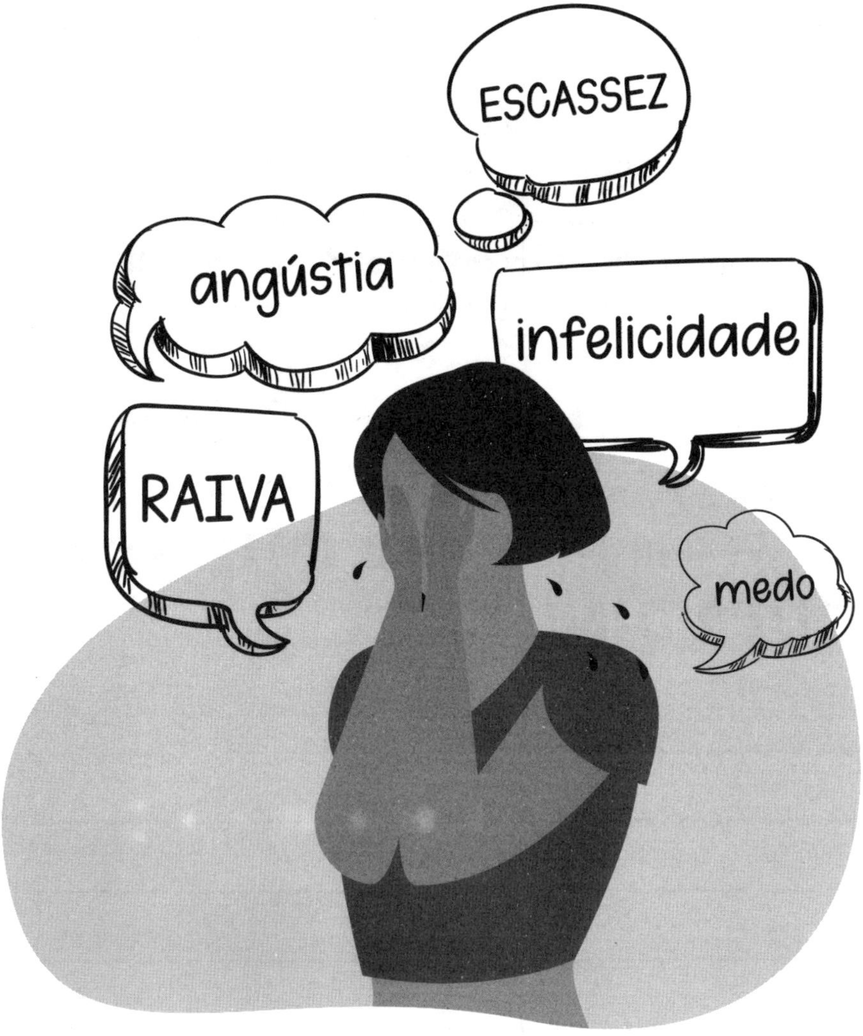

Você verá que é como um filme que, toda vez que assistimos, vemos coisas novas que não havíamos reparado.

O QUE VOCÊ PRECISA TER SEMPRE EM MENTE É: **DINHEIRO É UMA ENERGIA.**

Como vamos estudar sobre o dinheiro, você verá que vão começar a lhe cair vários downloads. Não é mais a ficha que cai, isso é muito antigo. Agora são downloads que vamos fazendo a todo momento, por isso é muito importante sempre ter em mãos uma caneta e um caderno, e esta será sua lição de casa: **anotar todos os downloads que irão lhe cair, e você verá como seu dinheiro será destravado.**

ENTÃO, JÁ QUE VOCÊ PEGOU UMA CANETA, RESPONDA AQUI O SEGUINTE: **PARA QUE VOCÊ QUER DINHEIRO?**

Sim, é preciso saber para o que você quer o dinheiro.

Se você respondeu algo do tipo "para ser feliz", "para viver sossegado", "para pagar dívidas..." etc.

Saiba que o Universo não entende nada disso.

Um passo muito importante é ter clareza do que você fará com o dinheiro.

Sim, porque destravando essa energia, você verá mais dinheiro fluir em suas mãos.

Uso a seguinte metodologia: todo pensamento aciona um sentimento que automaticamente cria uma vibração, que estudaremos em profundidade ao longo do livro.

Quando, durante a vida toda, você escuta e vivencia pensamentos e sentimentos negativos em relação à energia do dinheiro, pode estar maltratando essa energia, e, assim, você não consegue ter o resultado que gostaria de ter – ou seja, você deseja mas não realiza, não conecta, não vem para você como pode e deve ser.

Então, ao longo deste livro, você terá muitos downloads, e é nessa hora que vai entrar seu caderno – e é muito importante que você escreva!

Às vezes vou conversar com você sobre alguma crença, alguma lição, sobre algum exercício, e você vai pensar: **"Ouvi isso lá atrás na minha vida, alguém falou algo que me bloqueou e não vi uma oportunidade de crescimento ou oportunidade"**, e o caderno é importante para você fazer os exercícios ao longo dos capítulos.

Outra dica importante é você entender que seu cérebro está há 10, 15, 20 anos fazendo a mesma coisa, então já tem hábitos em relação ao seu dinheiro. Não adianta ler o livro todo de uma só vez e no dia seguinte falar:

Ué, William, cadê o **dinheiro inesperado?**

Por que ele não veio?

Você não vai mudar de uma hora para outra.

Vai treinar a sua mente para que as coisas possam acontecer de forma mais positiva.

Você vai usar a sua energia para que você seja um ímã de dinheiro a partir de agora, e já vai começar a ver a diferença nos primeiros dias. Porém, é estudar hoje, amanhã e depois, pois nossa mente é treino.

Quanto mais treino, melhor fico, principalmente em relação ao meu dinheiro.

Portanto, essas dicas são importantes para podermos alinhar e compreender como será o nosso livro com minha metodologia.

Todo este livro é estruturado estrategicamente para trabalhar a sua mente.

A partir de agora, você começa a destravar o seu dinheiro.

Você deu um aviso para seu dinheiro.

Então, vamos trabalhar também, ao longo deste livro, alguns sentimentos que são muito importantes, por meio de exercícios, para podermos destravar mesmo o seu dinheiro que está bloqueado.

Já que esse balãozinho de energia está bloqueado, vamos destravá-lo, e você vai se surpreender com os resultados que terá daqui para a frente!

Vamos para o próximo capítulo, que já vamos começar a trabalhar!

PASSO 2

Hábitos invisíveis

Eu gosto do dinheiro,
e o dinheiro gosta de mim.

Nossa mente é acostumada a ter hábitos. Quero que você traga à sua memória agora, à sua memória consciente, qual é a melhor lembrança que o dinheiro traz para você? A primeira coisa que vem à sua mente. Qual a melhor lembrança que o dinheiro traz para você? Traga essa lembrança e a escreva agora. Vou dar um exemplo: "A melhor lembrança que tenho foi uma bicicleta que meu pai comprou para mim" ou "A melhor lembrança que eu tenho é um pote com o dinheiro que juntei o ano inteiro, e no final do ano comprei um passaporte para o parque de diversões".

Qual a melhor lembrança que você tem em relação ao seu dinheiro? Traga agora à sua consciência qual a melhor lembrança que você tem sobre o seu dinheiro. Só traga essa informação e a deixe guardada, porque depois nós vamos utilizá-la.

VOCÊ CONSEGUE ESCREVER COM **CLAREZA** ISSO?

____

____

____

____

O que quero explicar para você agora é como nosso cérebro funciona em relação aos hábitos.

Hábito É TUDO aquilo QUE NÓS fazemos sem PERCEBER

@WILLIAMSANCHESOFICIAL

O hábito é automático, então, se tenho o hábito de pendurar o microfone sempre no mesmo lugar, faço até sem perceber, coloco o microfone e gravo a aula para você.

Às vezes você tem o hábito de colocar as mãos de determinada maneira, de falar com as mãos, hábito de escovar os dentes de um jeito específico, de dormir de tal jeito, de sentar sempre na cadeira do mesmo jeito.

São hábitos, e alguns hábitos se transformam até em manias, porque não ficamos sem eles.

Nosso cérebro não quer ter trabalho, então ele se adapta a um hábito e faz sempre a mesma coisa.

Para você ter uma ideia, temos alguns genes ainda que são dos homens das cavernas, e agora lhe pergunto: como é que eles viviam?

Como eram os hábitos deles?

Eles saíam para caçar e, quando caçavam e conseguiam encontrar um animal grande, e traziam, comiam tudo o que podiam naquele mesmo dia, e o hábito era descansar no decorrer dos outros dias.

Era realmente ficar na caverna e descansar para que não gastassem energia e não precisassem novamente sair para caçar, porque o que estava na consciência de instinto deles é que caçar era muito perigoso.

Então eu como, me alimento e repouso para não

gastar energia, e quando sentir fome de novo, depois de alguns dias, saio novamente para caçar e depois ficar em repouso.

Nosso cérebro ainda tem alguns genes dos homens das cavernas, por isso nosso corpo estoca gordura e, quando ficamos doente ou sem alimento, ele usa a gordura que está estocada.

Então, temos alguns hábitos ainda em nós, no nosso DNA, que são dos homens das cavernas – e um deles, entre tantos, é não gastar energia.

Por isso, quando temos um hábito, nós queremos sempre seguir com aquele hábito.

Lembra quando você estava na escola e escolhia um lugar para sentar, e aí você queria ficar o restante do ano sentado naquele lugarzinho que era o seu lugar cativo, e quando chegava alguém, falava:

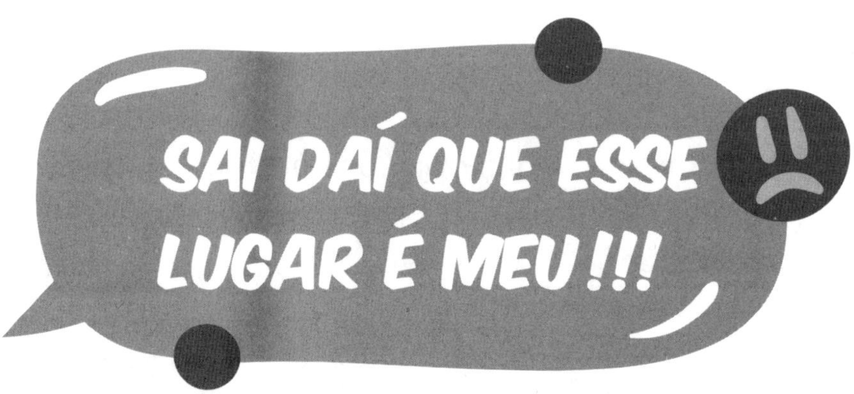

Não era assim?

Por que fazíamos isso?

Fazíamos justamente porque chegávamos, escolhíamos um lugar e nos acostumávamos com aquilo, conhecíamos os colegas que estavam do lado, já tínhamos amizade e ficávamos mais à vontade, e não precisávamos gastar tanta energia para ficar ali, fazendo o legalzinho para seduzir as pessoas e fazer amizade.

O cérebro não quer ter trabalho, por isso, todos os dias sentávamos no mesmo lugar.

Veja, nosso cérebro não quer ter trabalho. Isso está no nosso DNA, porque mudar ou criar qualquer coisa nova dá trabalho.

Para você entrar num curso online, dá trabalho, e às vezes você pensava assim: "Não vou comprar porque não funciona", ou "Ah! Mais um livro que não vai dar em nada".

Você encontrou várias objeções e precisou quebrar cada uma delas como um muro que você derrubou para poder chegar neste livro.

O que quero dizer para você é que isso se chama hábito, que é tudo o que fazemos sem perceber.

Temos hábitos em relação ao nosso dinheiro, então vamos criando alguns hábitos sem que percebamos, e eles transformam-se em crenças muito fortes que vamos estudar muito aqui no livro.

Mas o que quero antes de você tomar o próximo passo é que você compreenda que pensamento vira palavra, que vira atitude, e a atitude vira hábito.

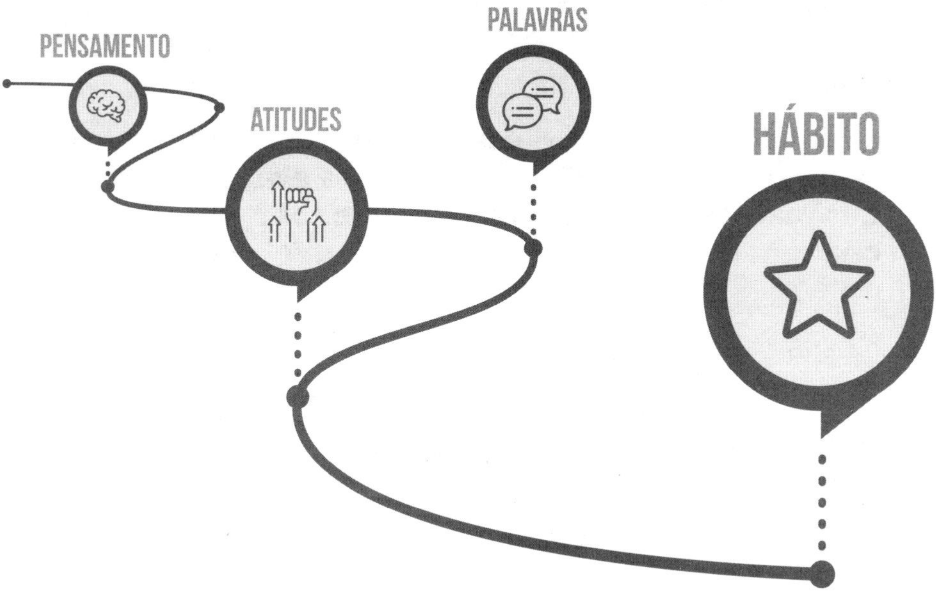

Então, vamos fazendo sempre essa sequência.

Penso, falo, e as palavras daqui a pouco tornam-se atitudes, ações, e as ações se tornam hábitos. E uma vez formado um hábito, ele fica enraizado dentro de você.

Então, vamos combinar uma coisa a partir de agora: nós não vamos mudar hábitos!

O meu propósito aqui não é mudar os seus hábitos.

Os hábitos que você tem são seus, e não quero mudar nenhum deles.

QUERO CRIAR HÁBITOS NOVOS A PARTIR DE AGORA, E É ISTO QUE VAMOS FAZER:

criar hábitos novos, e esses hábitos velhos que você tem nós não vamos mais usá-los, e eles começarão a desaparecer. Vamos, sim, criar hábitos novos e, assim, criar em nossa mente um novo caminho neural.

Nossa mente é plástica e possibilita, não importando a idade que você tenha, a criação de hábitos novos.

Criando hábitos novos, você vai ficando cada vez melhor, cada vez mais diferente, e vai tendo resultados diferentes. Você verá que o dinheiro vai surgir, e você vai pensar: "Caramba, nunca pensei que viesse dinheiro assim para mim, dinheiro inesperado ou projetos que estão chegando para eu poder fazer dinheiro".

A partir de agora, risque da sua memória o GANHAR dinheiro; ninguém ganha dinheiro, nós FAZEMOS o dinheiro.

Se você sai para dirigir o seu táxi, não está ganhando dinheiro, está fazendo dinheiro dirigindo o seu carro.

Se você vende seus produtos cosméticos, não está **ganhando** dinheiro, você está **fazendo** o seu dinheiro.

Estou aqui escrevendo um livro para você, estou fazendo meu dinheiro e cumprindo uma missão. Todos nós estamos fazendo dinheiro.

Quando o médico vai atender no consultório dele, ele não está ganhando, ele está fazendo o dinheiro dele.

Se ele não for para o consultório atender, ele não faz aquele dinheiro.

Então, vamos sempre falar assim: fazer dinheiro.

Pode até parecer estranho no começo, mas depois você vai destravando o dinheiro e tantas outras coisas em sua vida.

Pensamento vira palavra que, vira atitude, que se transforma em hábito.

Quais os hábitos que você tem até hoje em relação ao seu dinheiro?

Pense um pouco, respire fundo e, antes de ir para o próximo capítulo, quero que você ESCREVA!

De tudo isso que falei para você, o que ficou?

Que download você fez?

Respire fundo e sinta.

O que ficou de tudo isso que nós conversamos?

Só passe para o próximo capítulo quando tiver uma resposta registrada aqui! Isso vai ajudá-lo a prosperar. Quando trazemos à tona uma verdade nossa escondida, estamos tratando isso.

PASSO 3

Lembrança do dinheiro

Eu sou um ímã forte e poderoso para o dinheiro.

Olha que interessante: **hábito só é construído a partir do pensamento, então, o hábito final começou lá dentro do pensamento.**

Se tenho uma árvore e não gosto mais dos frutos que ela dá, não adianta eu ir bater na árvore, não adianta xingar o tronco, não adianta arrancar as folhas, não adianta bater no fruto. Tudo aquilo só está sendo promovido porque existe uma raiz que está programada para produzir aqueles frutos. Então, vai sendo produzido aquele tipo de fruto, aquele tipo de resultado.

Em sua vida e na minha vida, temos um resultado que são os nossos frutos, e até usamos estas expressões:

"OLHA OS FRUTOS DA VIDA DELE" OU **"ELE VAI COLHER OS FRUTOS QUE PLANTOU".**

Então, tudo que fazemos, estamos colhendo os frutos, e o que vamos fazer a partir de agora é recriar a nossa raiz, porque, diferentemente da árvore, podemos nos transformar no decorrer da vida e criar nossos resultados.

Se você tem resultados que não estão lhe fazendo bem, se tem resultados que não estão lhe fazendo feliz, você pode, a partir de agora, recriar esses resultados e aí, sim, ter novos frutos em sua vida.

Mas como eu faço isso, **William?**

Lembre: **pensamento vira palavra, que vira atitude, que se transforma em hábito, que constrói nossa realidade.**

Toda realidade que você está vivendo hoje foi você quem construiu ao longo da vida, porém, conseguimos criar uma realidade observando os nossos pais, observando as pessoas que estão à nossa volta, observando como elas se conduzem em relação ao dinheiro. Assim sendo, tenho algumas perguntas para lhe fazer nesse capítulo.

Qual lembrança você tem dos seus pais ou do adulto que cuidava de você em relação ao dinheiro?

Lembrando de tudo isso, você considera ser uma lembrança boa?

O que vem à sua mente agora em relação a esse adulto?

____

____

____

____

____

____

____

____

____

____

____

____

ESSE ADULTO FALAVA ASSIM:

"DINHEIRO NÃO TRAZ FELICIDADE"

OU VOCÊ IA PEDIR DINHEIRO PARA SEU PAI PARA IR À VENDA PEGAR UM DOCE, E ELE DIZIA:

"VOCÊ ACHA QUE EU TENHO CARA DE BANCO? QUE DINHEIRO NASCE EM ÁRVORE?"

Você ouvia coisas desse tipo?

Busque dentro da sua mente o que você tem de lembrança do dinheiro, como você se comporta em relação ao dinheiro quando se lembra desse adulto. Como você se comporta quando se lembra desse comportamento em relação a esse adulto?

____

____

____

____

____

____

____

____

____

____

Ele era um adulto que guardava muito dinheiro e dizia que ia faltar ou era um adulto mão-aberta que lhe dava tudo que você pedia?

Estou fazendo várias perguntas para ir mexendo com você em relação ao dinheiro, em relação às lembranças que você tem sobre o dinheiro, e é muito importante lembrar, trazer essas lembranças. Carregamos um saco de lembranças, e nesse saco de lembranças, muitas vezes, há lembranças pesadas. Se abríssemos esse saco de lembranças agora, seriam lembranças do tipo:

"Dinheiro não traz *felicidade*"

"**Rico** não entra no céu"

"**Não** tem dinheiro suficiente no mundo"

"Vai faltar dinheiro para **todo mundo**"

"**Rico** só casa com **rico**"

"Pobre só fica **rico** quando ganha na Mega Sena ou casa"

"Só fica rico quem rouba, quem engana os outros"

Todas essas lembranças que estão dentro desse saco são lembranças em relação ao dinheiro, então quero que você traga agora à sua mente: quais são as lembranças que você tem do seu dinheiro?

Responda essas perguntas que estou fazendo para você de forma calma e objetiva, mas tenho que combinar uma coisa com você: vou fazer no próximo capítulo, uma meditação profunda para limpar essas lembranças, para reprogramar a sua mente, porque quero que você tenha resultados ainda nestes primeiros capítulos.

Ainda vamos estudar muitas coisas, mas quero que, antes de você avançar para o próximo capítulo, responda essas perguntas que coloquei aqui neste passo, porque vão ajudar a deixar mais claro em sua mente o que você terá que limpar com a meditação.

ESCREVENDO A BIOGRAFIA DO SEU DINHEIRO

Coloque aqui toda a história que você tem sobre seu dinheiro, as lembranças, as coisas boas e ruins, tudo sobre seu dinheiro. Biografia é a história dele.

Se preferir, pegue uma folha à parte, não precisa se limitar aqui. Desabafe.

Coloque tudo que achar importante sem julgar se é certo ou errado, se está bom ou ruim. Simplesmente FAÇA!

PASSO 4

Ondas de transformação

Eu permito que o melhor chegue até mim.

TENHO UMA SUGESTÃO PARA VOCÊ: **QUE TAL LER ESTE CAPÍTULO COM UMA MÚSICA EM ALTA FREQUÊNCIA?**

Você pode colocar seu celular no YouTube e conectar com músicas de relaxamento ou músicas em alta frequência. Eu gosto e particularmente me faz muito bem.

Eu disse que neste livro teremos ferramentas poderosas, então ao longo das páginas teremos técnicas, meditações e afirmações poderosas para destravar, desbloquear e desenrolar o seu dinheiro.

Já nos primeiros passos, vai ver a diferença em você, e, vendo essa diferença, vai ver que o mundo financeiro também vai começar a se comportar de forma diferente.

Se quiser deitar, relaxar e tiver um cantinho gostoso só seu, faça isso, e, antes que você me pergunte:

VOCÊ PODE FAZER **MAIS DE UMA VEZ** ESTE TEXTO-MEDITAÇÃO!

Todas as vezes que você fizer, acessará camadas mais profundas, e com certeza vai reprogramar a sua mente em relação ao dinheiro.

Se já estiver no seu momento pronto para a meditação, vamos lá, coloque a música e leia calmamente o que preparei aqui para você.

Que bom que você chegou até aqui.

Este é o momento sagrado seu e de sua energia como um todo. Nesse momento você integra toda a sua energia. Até aqui você tinha uma maneira de pensar e agir em relação ao seu dinheiro, e a partir de agora começa a trilhar um novo caminho ainda mais amplo para geração de riqueza em sua vida.

Então, agora não se preocupe com absolutamente nada, apenas relaxe e respire, deixe com que eu vá conversando com a sua mente.

Neste momento sou seu terapeuta, neste momento sou seu mentor, confie em mim, se entregue e relaxe.

Se puder, neste momento, não pense em mais nada, apenas preste atenção em sua leitura e na música que está tocando de fundo. Essa música, eu não lhe contei ainda, mas ela tem poder de elevar a sua vibração.

Neste momento você está absorvendo novos conhecimentos e aprendendo cada vez mais, e vai ver como novos downloads vão chegar à sua mente a partir de agora.

Você está no comando de uma nova jornada, então

relaxe mais e mais profundo, porque, enquanto você relaxa, posso conversar com a sua mente subconsciente.

No momento certo ou quando você quiser, poderá voltar, mas por enquanto permita-se passar por esse processo que vai lhe fazer muito bem.

Agora com foco em você, se prepare, se posicione, oriente o seu sentimento na direção do sucesso. Lembre que, a partir de agora, você não precisa se preocupar com mais nada; você vai agora apenas olhar para a frente.

Tudo o que você fez até aqui é seu. De agora em diante, olhando para a frente e vendo todas as coisas acontecerem dentro, você vai funcionar como um ímã que o puxa para essa vida de sucesso.

Conforme vai para dentro da sua própria experiência, você começa a notar que o futuro que quer experenciar, a realidade, é agora!

Este é um chamado para expandir as suas crenças, que antes eram limitantes. Então você começa agora a descobrir que tem os meios para mover-se para onde precisa e para onde quer ir.

Respire e sinta como seu corpo já está muito mais tranquilo. Se algum pensamento vier a sua mente atrapalhando este momento, simplesmente respire e volte a atenção para a leitura. Sinta a música de elevação de sua vibração.

Você vai agora expandir a mente muito além da sua zona de conforto. Apenas note o quão longe você já veio; você já realizou muitas coisas.

Veja quanta coisa realizou até chegar aqui, então agora você sabe que pode simplesmente subir mais um degrau.

Conforme alcança a superfície e respira os seus sonhos, você pode distinguir as suas escolhas, as suas oportunidades que o ajudaram e aquelas que não irão ajudar mais.

Deixe para trás tudo o que não o leva para a frente, deixe ir tudo que pode ir. Respire.

Neste momento você está sintonizando o seu eu maior para que possa mudar para a frequência de riqueza e abundância. Se algum pensamento vier a sua mente, simplesmente relaxe.

Você escolhe os seus pensamentos, você escolhe como quer viver a vida daqui para a frente. No fundo, você sabe a direção em que está indo, e o coração é a bússola que o guia.

Eventualmente, aqui e agora, você pode plantar sementes de abundância. Sendo impressionantes e inspiradoras, essas sementes vão germinar, gerando ainda mais riqueza para sua vida.

Você pode acessar e acreditar completamente como a sua valiosa verdade daqui para a frente. Em algum lugar dentro de você está o começo de alguma jornada maravilhosa.

Em algum lugar dentro de você está uma jornada que começa de forma maravilhosa, em algum lugar dentro de você está o começo de uma jornada maravilhosa.

Você agora segue sendo produtivamente otimista e segue pelo caminho que instintivamente o guia para o sucesso. A sua vida externa será uma projeção linda do seu mundo interno.

Tudo já existe dentro de você. Você é um ímã de dinheiro, e o dinheiro vem para você com facilidade, alegria e glória.

Respire e ancore essa informação no seu subconsciente. Toda vez que você me ouvir falar de dinheiro, vai entender que o dinheiro vem para você com facilidade, alegria e glória.

No início você pode sentir o seu corpo resistente, mas aos poucos verá que todo o seu sistema interno vai se acostumar e entender como o dinheiro e a riqueza estão morando dentro de você de forma natural. Seu sistema é poderoso e se alimenta continuamente e constantemente e o reenergiza dia após dia.

Agora você vai ancorar esse processo e nota o quão maravilhoso tudo à sua volta é, tudo se move como um fluxo por meio do amor. O amor é o sentimento da prosperidade.

O capricho é o pai da prosperidade. O carinho, o capricho e o amor estão conectados com a natureza em abundância que se abre para você, e você pode apenas aproveitar.

Você está exatamente onde você se põe.

O dinheiro é uma energia, e essa energia se alinha agora a sua energia vital. Enquanto silencio, deixe a música de fundo para que as suas células e microcélulas se adaptem a essa nova rotina, a essa nova realidade de abundância. Isso já existe dentro de você, e agora você começa a manifestar tudo isso.

Quero que você traga à mente todas as melhores experiências que já teve com dinheiro, todas as alegrias que já pôde proporcionar para você com o dinheiro, tudo que já comprou e o deixou feliz e alegre e tudo aquilo que você comprou e o deixou feliz e alegre para os outros.

Então relaxe, se tranquilize. Não se preocupe, e, quando a música acabar, pode abrir os olhos e voltar às suas tarefas. Porém, você volta de forma diferente, sentindo-se com mais disposição, com mais alegria, mais esperançoso, e compreendendo que a riqueza e a manifestação do dinheiro em sua vida são naturais e que, a partir de agora, tudo relacionado ao dinheiro vem para você com facilidade, alegria e glória.

Está feito.

Se possível, agora pare um pouco por alguns minutos e permita que as coisas estejam bem tranquilas para você.

TUDO PODE ESPERAR AGORA.

Você está no seu momento.

Permita-se alguns minutos em silêncio para que tudo aquilo que leu acima possa se interiorizar em você.

PASSO 5

Lei da Atração e do dinheiro

Ideias para fazer dinheiro estão entrando livremente na minha vida.

OLHE ESTA IMAGEM DO DINHEIRO, ESSAS NOTAS DE R$ 100,00. ISSO É UMA ENERGIA PRÓSPERA!

Como você se comporta quando vê essa imagem do dinheiro?

Às vezes você pode sentir assim: “Poxa, que coisa de mau gosto, imagem de um monte de dinheiro, eu me incomodei de ver esse monte de dinheiro, achei desnecessário”, ou você pode olhar e falar: “Caramba, que imagem legal”.

AGORA LHE PERGUNTO:
COMO É SEU RELACIONAMENTO COM O DINHEIRO? CONSEGUE DEFINIR ISSO?

O QUE VOCÊ PENSA QUANDO VÊ **ALGUÉM COM MUITO DINHEIRO**?

QUAL É O SEU **SENTIMENTO PELOS RICOS**? QUAL SEU **SENTIMENTO PELOS MILIONÁRIOS**?

QUAL SENTIMENTO EM RELAÇÃO ÀQUELAS **PESSOAS QUE DERAM CERTO NA VIDA** NA SUA FAMÍLIA OU NO SEU CÍRCULO DE AMIGOS?

____

____

____

____

____

Esses sentimentos e essas provocações que começo a fazer são provocações propositais para que você conheça muito mais do seu sentimento em relação ao dinheiro.

Ele é uma energia, como já expliquei várias vezes, então vamos imaginar que em torno de nós ficam balões, como eu já disse, de raiva, culpa, não merecimento, ou balãozinho de prosperidade, abundância, balãozinho de alegria, de perseverança, balões de sentimentos que vão colocá-lo para cima, como a gratidão ou o amor, sentimentos que o elevam, que o farão grande, e automaticamente o dinheiro, a energia do dinheiro, sintoniza com você.

Se você não estiver na sintonia do dinheiro, por exemplo, vibrando na culpa, no não merecimento ou rejeição, que são sentimentos que o colocam lá para baixo, o dinheiro começa a fugir de você, porque você não está em alinhamento com ele.

TUDO O QUE PENSAMOS E SENTIMOS PRODUZ À NOSSA VOLTA UMA *assinatura energética* QUE O CONECTA COM TODAS AS OUTRAS COISAS.

Ela o conecta com a chave da sua casa, com a chave do apartamento que você quer comprar, com o *voucher* de viagem que você vai imprimir para entrar naquele avião para um voo internacional. Tudo tem energia para que você possa se conectar, e para se conectar com algo, é preciso estar bem, estar na sintonia daquilo, senão as coisas não vêm para você.

Fiz um teste muito interessante: começaram a chegar muitas multas de trânsito do meu carro em minha casa. Tenho a mania de pegar a estrada e me desconecto, me distraio, e quando vejo passei um pouquinho da velocidade, um pouquinho só, mas vinham multas ao meu apartamento, toda vez que chegava uma multa eu amaldiçoava, xingava aquela multa, e em nenhum momento eu abençoava o carro que eu tinha, eu agradecia por saber dirigir, em nenhum momento agradecia esse tipo de energia positiva eu simplesmente xingava o radar, o governo, chamava todo mundo de ladrão, que estavam roubando o meu dinheiro e por aí vai, simplesmente me colocando numa energia de vítima. Mais e mais multas chegavam para mim ao longo da semana.

Então comecei a fazer o seguinte: quando chegava uma multa em casa, eu a abençoava, abençoava o carro que eu tinha, abençoava minha habilitação por saber dirigir, abençoava as estradas que me permitiram passar por elas, comecei a abençoar o radar, porque previne muitas pessoas de correr, evitando os acidentes, agradecia pelo dinheiro que eu tinha para pagar aquela multa, e, com o passar do tempo, as multas pararam de chegar à minha casa.

Olhe que interessante, pratico a Lei da Atração na minha vida para depois ensinar.

Primeiro aprendo, pratico na minha vida, vejo os resultados e ensino. Então tudo que estou ensinando para você em relação ao dinheiro foram energias que gerei para que o dinheiro acontecesse.

Ainda neste livro, você terá disponíveis algumas técnicas como a do Dinheiro Mágico, que é poderosíssima, porém não faça desconfiando, porque, todas as vezes que duvidamos de alguma coisa, enfraquecemos aquilo.

Não posso fazer alguma coisa para testar porque, quando testo, quando duvido, me enfraqueço. Então, se quiser fazer a técnica do Dinheiro Mágico só para testar, nem faça!

É exatamente como os cientistas que testam uma vacina: eles testam em animais e, depois que deu certo, testam em seres humanos, e só depois fabricam e divulgam aquela vacina.

Olhe que interessante você pensar sobre isto: se você lê este livro **"Destrave seu Dinheiro"** para testar se vai funcionar, vai ser muito fraco para você, até sugiro que nem continue os próximos capítulos. Mas, se está aqui para destravar seu dinheiro, fazer todas as técnicas e compreender os passos, o dinheiro começa a vir com facilidade, alegria e glória até você.

Todas as técnicas funcionam desde que você as utilize acreditando nelas.

Numa passagem bíblica, Jesus disse aos seus discípulos que não conseguiam ajudar uma menina que estava muito mal: "Até quando vou ficar no meio de vós? Vocês precisam acreditar que podem fazer, que podem realizar". Então, olhando em volta, deu muitos exemplos da natureza. Disse: "Se você tiver fé do tamanho de um grão de mostarda, você dirá àquela montanha para se mover, e ela se moverá".

O que Jesus estava querendo dizer é que, se você tiver um mínimo de alguma coisa dentro de você, bem pequenininha, do tamanho de um grão de mostarda, que é o menor grãozinho que ele poderia dar de exemplo naquele momento, você consegue mover montanhas.

O QUE SIGNIFICA FÉ – SEM FALAR DE RELIGIÃO – *é a Força Espiritual.*

A imagem do dinheiro que mostrei para você no começo desse capítulo, perguntando o que você sentia ao ver, é um movimento da energia que está dentro de você, ou, quando você duvida simplesmente de uma técnica ou de uma aula, você está enfraquecendo a sua fé.

Para se conectar com você, vir para sua vida com facilidade, alegria e glória, é necessário você se alinhar com essa energia, com essa sintonia.

E é isso que, vamos começar a fazer a partir de agora com mais profundidade.

PASSO 6

Mantra do dinheiro abençoado

Eu sou uma pessoa que atrai riqueza.

"DINHEIRO NA MÃO É VENDAVAL"
VOCÊ JÁ OUVIU ESSA MÚSICA? OU VOCÊ ACHA QUE DINHEIRO NA MÃO É SOLUÇÃO?

Você está vendo notas de R$ 100,00, notas de R$ 2,00 e de R$ 5,00. Todas essas notas são extremamente importantes, porque elas têm uma **energia transcendental**. Então vamos fazer um **exercício agora**?

Pegue uma nota de R$ 2,00, R$ 5,00, R$ 10,00, R$ 20,00, R$50,00, R$ 100,00 ou R$ 200,00, que no Brasil é a maior nota que disponibilizamos. Ou se você estiver em Portugal, pegue euro; se você estiver em Londres, pegue uma libra esterlina; se estiver no Egito, pegue uma libra egípcia, não importa, só preciso que você tenha uma nota em mãos.

Pode ser a menor ou a nota maior, não tem problema, nós iremos respeitar todas elas.

Pegue simplesmente uma nota, nesse caso escolhi a nota de R$ 200,00, que é a nota mais alta do Brasil, mas, como eu disse, posso simplesmente deixar a nota de R$ 200,00 e fazer com a nota de R$ 2,00, não tem problema nenhum, pois o efeito é o mesmo.

Só quero que você pegue uma nota, e, se você não tiver disponível agora, pegue uma moeda. Não tem problema nenhum, a moeda também é dinheiro. Então pare de chegar lá na padaria e, quando alguém vai lhe dar o troco, você fala: "Ai, credo, não quero moeda". Dessa maneira você está afastando o dinheiro da sua vida.

DEIXE O DINHEIRO VIR COM **FACILIDADE, ALEGRIA E GLÓRIA**, NEM QUE SEJA UM SACO DE MOEDA, POIS DINHEIRO É DINHEIRO, MOEDA É DINHEIRO E CHEQUE É DINHEIRO.

Tem gente que fala assim: "Recebi em cheque". E daí? A pessoa deposita e vai te pagar ou "Passaram o cartão no crédito", mais uma vez você está amaldiçoando seu dinheiro.

Não importa como o dinheiro chegou até você, se foi cartão de crédito, se foi moeda, se foi nota de dois ou nota de cem, se foi débito ou cheque, importa que ele veio até você.

Se foi um cachê, se foi um processo seu que estava enroscado e saiu, se foi alguém que lhe pagou que estava devendo ou o contrataram para fazer um serviço e lhe pagaram a mais, ele veio até você!

Eu, por exemplo, quando contrato algum serviço, sempre pago alguma coisa a mais, e percebo às vezes que as pessoas ficam incomodadas achando que não merecem.

Se o serviço foi excelente, se ele está além do normal, a pessoa merece receber um valor a mais, e é muito bom, porque esse dinheiro é um fluxo, ele volta para mim de uma maneira muito abundante.

Muito bem, pegue o dinheiro ou a moeda, e eu que agora, concentrado nesse dinheiro, você feche os olhos e, se quiser, segure o dinheiro colocando uma música e concentre-se no dinheiro, tá?

Pode ser todo o dinheiro que você tem na carteira agora ou pode ser uma moeda.

Segure-o em suas mãos, concentre-se, respire fundo e solte o ar.

ESSE DINHEIRO QUE CHEGOU EM SUAS MÃOS CIRCULOU EM MUITAS MÃOS, **MAS ELE NÃO É SUJO, E SIM UM DINHEIRO ABENÇOADO** QUE VEIO PARA VOCÊ DE ALGUMA MANEIRA:

Ou ele foi doado, ou você prestou um serviço em troca dele, ou você trabalhou o mês todo, ou você fez uma faxina ou você fez um negócio na bolsa de valores, ou você fez uma venda de um automóvel.

Não sei como você fez para fazer dinheiro, mas quero que você compreenda agora que você não ganha dinheiro; você faz dinheiro.

Então, esse dinheiro você fez, e ele veio até as suas mãos; ele passou por várias e várias mãos, muitas pessoas prestaram seus serviços, fizeram seu trabalho e também fizeram esse dinheiro para elas, e esse dinheiro abençoado também veio para a mão delas, e foi tão bom, foi tão generoso, que, de um jeito ou de outro, ele rodou o país.

Esse dinheiro pode ter ido para Pernambuco, pode ter voltado para o Rio de Janeiro, pode ter ido para Fortaleza, voltado para o Rio Grande do Sul, pode ter ido para São Paulo, para Brasília, Curitiba, enfim, todos os estados, até chegar às suas mãos, e ele chegou de uma maneira abençoada.

ENTÃO, QUERO QUE VOCÊ DIGA PARA O SEU DINHEIRO AGORA, **EMANANDO BONS SENTIMENTOS:**

Dinheiro abençoado, *eu agradeço você em minha vida.*

Dinheiro abençoado, *eu faço as pazes com você.*

Dinheiro abençoado, *eu reconheço o seu valor.*

Dinheiro abençoado, *eu e você somos amigos*.

Dinheiro abençoado, *que bom que você chegou em minha vida.*

Dinheiro abençoado, *fazemos agora um contrato de parceria.*

Dinheiro abençoado, *eu invisto em você e você investe em mim.*

Dinheiro abençoado, *sou feliz por ter você em minha vida.*

Dinheiro abençoado, *eu acredito num fluxo e por isso vou deixá-lo circular.*

Dinheiro abençoado, *sei que mais de você vem para mim e permito que você venha a mim com facilidade, alegria e glória.*

Dinheiro abençoado, *obrigado por você estar em minha vida.*

Dinheiro abençoado, *eu lhe peço perdão por todas as vezes que reclamei de você.*

Dinheiro abençoado, *está tudo bem agora.*

Dinheiro abençoado, *eu te amo e permito que você fique em minha vida.*

Dinheiro abençoado, *acredito no fluxo, permito que você vá, mas aceito que você volte.*

Dinheiro abençoado, *jamais você me fará falta.*

Dinheiro abençoado, *sou abundante e permito que você esteja na minha vida pelo melhor.*

Sinta que você fez as pazes com seu dinheiro, e a partir de agora quero que analise como você vinha trabalhando o seu dinheiro.

Mas não quero que dê bronca em si mesmo, não quero nem mais que você o amaldiçoe e não quero que você se arrependa.

Você fez as pazes com seu dinheiro, e ele é energia, então ele não escuta o que você fala; ele escuta o que você sente.

Isso é para tudo na vida, não só para o dinheiro.

O Universo não escuta o que você fala, ele escuta o que você sente, e é nesse momento que quero que você compreenda que está dando o seu melhor e o seu melhor – está acontecendo com você a partir de agora, ok?

Se você está bem com seu dinheiro, vai permitir que ele seja um fluxo a partir de agora porque o dinheiro vai como um fluxo e volta ainda mais, em dobro, em triplo, e você não precisa nem se preocupar mais; basta fazer com excelência o seu trabalho e, a partir de agora, você não ganha, você faz dinheiro.

Então, neste momento, você está mudando o seu *mindset*, o padrão mental do seu relacionamento com o dinheiro, e agora você tem um novo padrão mental em relação a ele.

Por isso que você já vai sentir o dinheiro destravando e as coisas acontecendo para você e não é à toa que este livro se chama **"Destrave seu dinheiro".**

PASSO 7

Vibração do dinheiro

Eu vivo no presente e escolho
no presente ter mais dinheiro.

OLHA QUE INTERESSANTE:

a relação com dinheiro é como um casamento, você precisa o tempo todo trabalhar o seu dinheiro para que ele esteja saudável.

Quando você tem um marido, companheiro, namorada ou até um relacionamento com amigo, para esse relacionamento estar saudável é preciso cuidar.

Às vezes um manda mensagem, às vezes, quando um está mais quietinho, o outro que manda, então acabamos naquele momento trabalhando a nossa relação com o outro.

A nossa relação com dinheiro não se diferencia disso.

O Universo vai ler sempre o que você sente, então hoje quero fazer com você, neste capítulo, um exercício muito simples, mas muito poderoso, porque você já vai praticar isso junto com os outros ensinamentos.

Quando você começa a destravar o dinheiro em sua vida?

Quando começa a fazer uma quebra de hábitos que você estava muito acostumado a fazer, então, lembra que pensamento vira palavra, que vira atitude, que vira hábito, que constrói a nossa realidade?

Se sua realidade com seu dinheiro não é uma realidade próspera e abundante como você sonha e deseja, é nesse momento que fazemos um exercício para revisitar nossa relação com o dinheiro. Essa relação precisa ser saudável.

Quando falo da técnica do **Dinheiro Mágico**, sempre explico que ele pode chegar para você a qualquer momento.

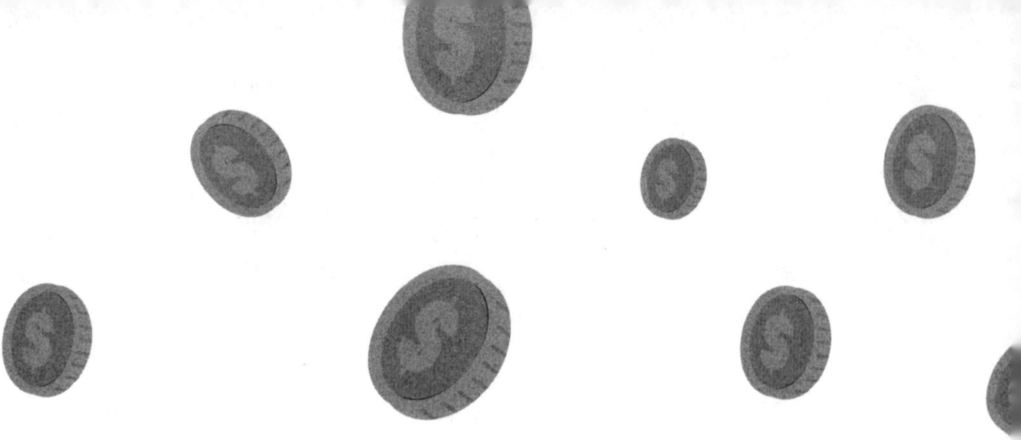

É um dinheiro inesperado.

Ele pode chegar para você de qualquer maneira.

Então, de repente pode ser um amigo que o convide para tomar um lanche, mas você não reconhece porque está esperando dinheiro na mão. Pode ser uma pessoa que o chama para jantar e paga a conta, alguém que lhe dá um livro, enfim, tudo é dinheiro.

Comece a perceber como tudo é dinheiro, mas, como ele é fluxo, não pode ser só vindo para você. Você precisa também dar, fazer alguma coisa por alguém, doar alguma coisa, ajudar, contribuir financeiramente.

AÍ VOCÊ PODE PENSAR: **"MAS, WILLIAM, MINHA VIDA ESTÁ TODA QUEBRADA, NÃO TENHO DINHEIRO PARA NADA E MAL ESTOU CONSEGUINDO VIVER, COMO VOU CONTRIBUIR COM ALGUÉM?".**

Calma! Existem muitas maneiras de contribuir: faça uma torta na sua casa e leve um pedaço para alguém que você ama muito. Você deu alguma coisa para alguém, e isso é fluxo, isso é energia.

Uma das coisas que as pessoas mais erram no dia a dia em relação ao dinheiro é quando vão pagar contas.

Muitas pessoas emanam um pensamento, um sentimento negativo, quando vão pagar as contas, principalmente quando elas sentem ódio ou raiva no momento de pagá-las.

Lembre que essa conta ou essa prestação só existem porque você comprou uma coisa ou algum serviço não é só imposto ou coisas ruins que estão acontecendo.

Até o imposto, se for lei em seu país, você está cumprindo legalmente e eticamente as leis de seu país então está correto que você pague.

A partir de agora, você vai fazer um exercício com todas as contas que precisa pagar: todas as vezes que você pagar uma conta, escreva em cima dela a palavra gratidão; mas não é só escrever gratidão, é também sentir-se grato por ter essa conta e ter também o dinheiro para pagar.

Obrigado, **dinheiro abençoado**, que me permitiu pagar por esse serviço.

Obrigado pela conta de luz, *gratidão*.

Obrigado, **dinheiro abençoado**, que me permitiu pagar por esse serviço.

Tudo é uma troca, e precisa ser uma troca abençoada, e não com uma energia péssima, lá para baixo, com raiva ou ódio, que só fazem com que a sua vibração fique frágil.

Se você tem raiva quando paga algum serviço ou alguma conta, essa raiva bloqueia seu dinheiro, e pode ver que mais contas vêm para você, porque o Universo lhe dá mais do mesmo.

Ele lhe dá mais do que você põe foco, então, se você põe foco nas contas e reclama delas, está clamando duas vezes por contas!

Clamar é pedir com muita força, então, quando você reclama, clama duas vezes. Vamos imaginar: "Caramba, não acredito que paguei essa conta, graças a Deus estou livre, que ódio que eu tenho desse banco". Perceba a vibração completamente ruim que você emanou – e mais conta vem, mais coisas ruins vêm.

Se pego a conta, pago, escrevo GRATIDÃO e guardo na minha pastinha todas as contas em que escrevi GRATIDÃO e as abençoo, limpo aquele sentimento ruim e mando coisas boas – e mais coisas boas vêm para mim.

@WILLIAMSANCHESOFICIAL

Quando você passa a ser *uma usina de positividade, uma usina de gratidão*, o dinheiro consegue chegar em sua vida, encontrá-lo e ficar com você.

PASSO 8

Quebra de crenças limitantes

Eu me sinto uma pessoa agradecida por estar vivo e por ser um ímã para coisas fantásticas.

Fiz uma provocação proposital para você nos últimos capítulos. Mostrar dinheiro, colocar dinheiro na abertura dos capítulos, porque isso aqui também é para provocá-lo. Ativar a mente sobre sua relação com o dinheiro, *money*, bufunfa, cascalho, gaita, tostão, faz-me rir...

Enfim, você já deve ter ouvido ao longo da vida muitos apelidos para o bom DINHEIRO.

Quando eu trabalhava com meu pai na feira, chegávamos da feira e tinha duas coisas que meu pai fazia que me lembro muito bem: a primeira é que ele escondia o dinheiro em todos os lugares, e sempre dizia: "Se alguém roubar, tenho um pouco de dinheiro que eu dou, e o ladrão vai embora". A segunda coisa quando ele chegava da feira era dormir um pouquinho, porque acordávamos muito cedo, e depois levantava, se arrumava para ir ao banco fazer os pagamentos e depositar o dinheiro do que tinha vendido, e aí, muitas vezes, eu estava brincando no quintal, e ele dizia assim: "Estou indo para a cidade" e eu falava: "Pai, você está indo ao banco?". Ele me falava para ficar quieto, que ninguém poderia saber que ele estava indo ao banco.

Quando comecei a estudar sobre dinheiro, a primeira lição que aprendi é que não ganhamos dinheiro, nós o fazemos. Esse é um ponto muito importante para recapitularmos. A segunda lição é que não consigo fazer dinheiro se não me livrar das minhas crenças limitantes.

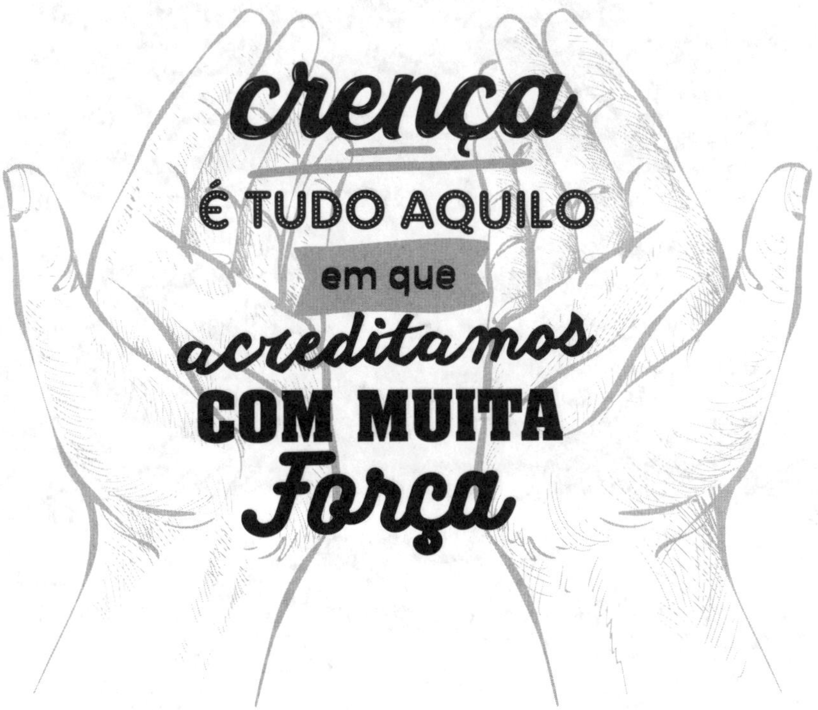

Quando acredito com muita força em alguma coisa, começo a cocriar aquela realidade. Não consigo contar as vezes que o meu pai foi assaltado. Sabe por quê? Porque ele já cocriava o assalto, ele dizia: "Se o ladrão vier, eu já tenho o dinheiro aqui no cantinho", então ele já dizia que ia ser assaltado, né? O medo dele do assalto criava aquela realidade.

Só uma coisa rápida para você entender sobre física quântica, pois objetivo deste livro não é ensinar física quântica, e sim a DESTRAVAR SEU DINHEIRO. Então lhe dou técnicas e informações muito rápidas para você trabalhar o destravamento do seu dinheiro, mas só para você entender um pouquinho sobre física quântica:

Tudo que você pensa, **você ativa o seu sentimento**, mudando a sua molécula, o seu átomo, e esse átomo cria à sua volta uma *assinatura energética*, e ela o conecta a tudo, inclusive ao **dinheiro,** que também tem energia.

Estou fazendo essa introdução toda porque vou fazer com você um exercício no qual vamos **destravar essas crenças** que podem existir aí dentro de você. Como citei duas do meu pai para você ter uma ideia, existem muitas crenças limitantes por aí.

Você irá perceber que aqui embaixo deste capítulo tem uma lista de crenças, e quero que você pegue essa lista e anote todas as crenças limitantes com as quais você se identificar.

Essas ideias que contei sobre o meu pai são crenças limitantes dele, mas ele me passou durante muitos anos. Quando eu ia ao banco, escondia o dinheiro na roupa; eu achava que iria ser assaltado, né? E por sinal, fui!

Estudando crenças limitantes, estudando o que me limitava, o que me impedia de prosperar, cheguei a algumas crenças limitantes. Mas, como terapeuta atendendo anos em consultório, fui ouvindo muitas crenças e fui separando crenças sobre autoestima, sobre relacionamento e sobre o dinheiro – que estão na lista logo abaixo.

Quero que você anote todas as crenças limitantes com as quais se identificar nessa lista. Depois que fizer esse exercício, você fará o segundo passo: anotar alguma crença limitante que tenha percebido e que não está na lista, porque depois vou fazer uma meditação profunda que vai ajudá-lo a quebrar essas crenças limitantes.

Já estou fazendo isso desde o primeiro capítulo sem você perceber, com a nossa conversa terapêutica, mas agora vou além: vamos descer mais algumas camadas na sua mente subconsciente.

Temos nosso consciente, que representa 5% da nossa mente, e nosso subconsciente, com 95%.

Então vou descer à camada do seu subconsciente, e vamos limpando essa camada.

Pode fazer mais de uma vez a meditação? Claro! Se quiser fazer hoje e amanhã, também pode. Se quiser fazer daqui uma semana, também pode. Refazer a meditação é melhor ainda, porque vai ajudá-lo e vai impulsionar os seus resultados, tá?

Então preciso que você faça a lista como eu lhe pedi e anote as crenças que você tem, antes de fazer a meditação.

Escolha um lugar que seja tranquilo. Se puder fazer deitado em sua cama ou em sua poltrona confortável é melhor ainda, mas desligue o WhatsApp, vá ao banheiro antes, e, se estiver com fome, coma alguma coisa antes, para não ter nada que o incomode. Se tiver filhos ou alguém que vai encher o saco aí na sua casa, avise: "Olha, agora eu vou fazer minha meditação, não quero que ninguém me atrapalhe!".

Então nesse momento você vai mergulhar nessa meditação, e vou conversar com a sua mente com todo o amor. Mas vou falar para ela tudo o que ela precisa, então simplesmente confie, relaxe e confie em mim, que vou ajudá-lo a se livrar dessas crenças limitantes para que você comece a fazer dinheiro.

Você é uma usina de
fazer dinheiro

Você é uma usina de
ter **ideias rentáveis**

Você é uma usina de
ideias milionárias

Então, quando você está com a mente preocupada, pré-ocupada, cheia de traumas ou medos, não vem nada na sua cabeça, e quando você limpa isso tudo, abre a mente para que novas coisas possam vir para você, tá bom?

O PRIMEIRO EXERCÍCIO É: INCOMODA A VOCÊ QUANDO **VOCÊ SEGURA O DINHEIRO?**

____

____

____

____

____

QUAL A SENSAÇÃO QUE VOCÊ TEM QUANDO VÊ UMA **IMAGEM DO DINHEIRO?**

____

____

____

____

____

QUAIS SÃO SEUS **JULGAMENTOS PESSOAIS?**

____

____

____

____

____

____

Vou provocá-lo muito dentro deste LIVRO, tá bom? Então, não fique triste nem achando que estou fazendo alguma provocação para você, mas pense sobre o que você pensa!

Lembra que eu falo? **O ser humano é um animal que pensa sobre o próprio pensamento**.

Meu objetivo é que você pense sobre seu próprio pensamento.

Como eu disse, separei aqui algumas crenças que venho pesquisando há anos.

Elas podem ser de origem hereditária para você, ou seja, passadas de geração para geração até chegar a você.

Marque um x na frente daquela que você considera ser existente em sua rotina, seja mais presente, seja de vez em quando.

- ☐ Dinheiro é a raiz de todo o mal.
- ☐ Se você não nasceu rico, provavelmente nunca será.
- ☐ Não dá para ficar rico com o país do jeito que está.
- ☐ Dinheiro não traz felicidade.
- ☐ Ficou rico porque fez algo de errado.
- ☐ Investimento é para quem tem dinheiro.
- ☐ Ter muito dinheiro vai me tornar menos espiritual.
- ☐ Passei necessidade na infância, agora quero tudo do bom e do melhor (a pessoa que faz dívidas comprando coisas para resolver o medo da escassez).
- ☐ Enriquecer é questão de sorte.
- ☐ Poupar para quê? Posso não estar vivo amanhã.
- ☐ O dinheiro sobe à cabeça das pessoas
- ☐ Os ricos são maus e desonestos.

- ☐ O dinheiro não é tão importante.
- ☐ O que vão dizer quando souberem que quero ficar rico?
- ☐ Quem poupa é avarento.
- ☐ Pessoas interesseiras irão se aproximar de mim.
- ☐ Os ricos não amam ninguém.
- ☐ Ganhar dinheiro é difícil.
- ☐ Antes pingar do que faltar.
- ☐ Sou pobre, mas honesto.
- ☐ Só se consegue dinheiro arduamente, dedicando quase todo o tempo ao trabalho.
- ☐ As minhas condições de vida (profissão, falta de estudos, origens humildes) não me permitem ganhar muito dinheiro.
- ☐ É pecado ser rico.
- ☐ Só se for pobre é que vou para o céu, pois dizem que é mais fácil um camelo passar pelo buraco de uma agulha do que rico entrar no céu.

- ☐ Quanto mais riqueza tiver, menos há para os outros.
- ☐ Sem trabalho duro não se consegue nada.
- ☐ Estou destinado a essa vida e a ser desse jeito porque é a situação da minha família, e, por isso, é a minha.
- ☐ Não é possível viver do que se ama.
- ☐ Não é todo dia que tem pão quente.
- ☐ Sou muito velho para isso.
- ☐ É melhor dar do que receber.
- ☐ Quem trabalha não tem tempo de ganhar dinheiro.
- ☐ É preciso dinheiro para ganhar dinheiro.
- ☐ É errado algumas pessoas possuírem muito, enquanto outras estão na pobreza.
- ☐ Prefiro ser pobre a ser doente.
- ☐ Se eu tiver dinheiro, terei que emprestar, e acabarei perdendo os amigos.
- ☐ Ganho pouco porque não tive a oportunidade que os outros tiveram.

- ☐ Não saberia lidar com muito dinheiro.
- ☐ Dinheiro na mão é vendaval.
- ☐ Para ser rico, só se ganhar na loteria.
- ☐ Meu pai foi pobre, eu também serei pobre.
- ☐ Não me acho merecedor de riqueza.
- ☐ Nasci do lado errado do muro.
- ☐ Não posso agradar a Deus e ao dinheiro.
- ☐ Felicidade de pobre dura pouco. Se ganhar dinheiro, não vai durar nada.

QUANTOS PONTOS VOCÊ FEZ?

____

____

CONHECE MAIS ALGUÉM PRÓXIMO A VOCÊ QUE USE ESSAS FRASES? QUEM?

____

____

____

PASSO 9

Meditação quântica de poder

Sempre encontro formas de atrair mais e mais dinheiro, e não tem nada de errado nisso.

CHEGOU AQUELE MOMENTO DE COLOCAR NOVAMENTE UMA **MÚSICA DE RELAXAMENTO** PARA LER ESTA PÁGINA MÁGICA.

Você pode escolher no YouTube uma música em alta frequência ou simplesmente “Música para Relaxar”.

Você irá encontrar centenas de opções. Coloque a música, respire fundo e leia calmamente sentindo cada frase a seguir; repita o processo se sentir desejo.

Que bom que você chegou até aqui!

A partir de agora, vamos trabalhar juntos, eu e você, mas para isso eu preciso que você simplesmente confie em mim.

Nesse momento estamos juntos nessa caminhada.

Meu papel aqui é ajudá-lo a destravar ainda mais a sua prosperidade.

Sei que você, assim como eu, ao longo da vida, não teve muitos exemplos bons de dinheiro.

Muitas vezes tivemos pais que não sabiam administrar dinheiro.

Às vezes tínhamos colegas que se davam melhor em relação ao dinheiro, pessoas que o dinheiro fluía ou primos que tinham mais condições.

Não sei você, mas eu sempre quis entender por que algumas pessoas iam para a frente e outras demoravam mais, e algumas até nem conseguiam sair da situação em que estavam, ou até pioravam.

Eu, assim como você, também já tive muitos altos e baixos e também me incomodei, até que chegou o dia em que precisei estudar o assunto.

Como terapeuta, percebi que a nossa mente nos bloqueia.

A mente acredita em tudo que falamos, em tudo aquilo que ouve; ela não sabe o que é verdade ou mentira.

Com o passar do tempo, vamos aprendendo a distinguir o que nos faz bem, o que nos ajuda e o que nos protege.

Este momento agora, por exemplo, em que estamos juntos e conversando, é um momento de segurança, então relaxe, solte os ombros, permita que seu corpo relaxe.

Você não precisa pensar em absolutamente nada agora. Sua respiração também fica mais calma, mais tranquila, mais serena. Eu agradeço a sua confiança.

É importante que a gente estabeleça essa confiança.

Não posso seguir a sua caminhada junto de você se você não confiar em mim, então vamos combinar uma coisa: vou mostrar para você um método, e você vai usar. E se nada funcionar para você ou você mesmo achar que é bobagem, que não faz sentido, pode continuar a sua vida do jeito que está, e está tudo bem.

Agora você pode decidir por esse método novo e experimentar novos resultados.

Experimentar como é bom dirigir um carro novo – você já sentiu o cheiro de um carro zero? Ele tem um cheiro peculiar, e é muito bom!

Você vai poder sentar-se em bons restaurantes e escolher a comida sem se preocupar com o preço do prato.

Vai poder entrar em um shopping, se dirigir até uma loja e escolher a roupa ou sapato do jeito que você quer e gosta sem se preocupar com o limite do cartão.

Vai poder presentear as pessoas que você ama dando a elas tudo aquilo que você sonha sem precisar ficar com remorso depois.

O que quero dizer a você é que o dinheiro é bom!

Tudo que te contaram o contrário disso é a verdade para outras pessoas, mas não precisa ser a verdade para você.

Se você quer tudo isso que falei, se tem toda a vontade, desejo de ter coisas assim como falei e muito mais, você não pode seguir mais com as verdades de outras pessoas, porque tudo isso faz sentido para elas, e não para você.

Então, nesse momento quero que você visualize que está na frente de um prédio bonito e chique que só vemos em filmes. Esse prédio é um banco, um Banco Universal.

Dentro tem todos os recursos do Universo disponíveis para você, então você sobe a pequena escada onde tem uma porta e chega até mais próximo à porta de entrada.

Você passa então pela porta giratória e chega em um grande saguão, uma grande sala bonita, o piso brilha e tem um lustre de cristal pendurado que ilumina todo o ambiente. Então uma pessoa muito simpática e sorridente se aproxima de você, estende as mãos e pergunta como pode ajudá-lo.

Você olha para o lado mais um pouco, observa os detalhes da sala e diz a essa pessoa que você veio buscar os recursos de que precisa para sua vida.

Ela então sorri e confirma com a cabeça: você veio ao lugar certo! Então ela o conduz a uma próxima sala.

Nessa saleta, um pouco menor que a primeira, você vê a porta de um cofre.

Essa pessoa que o atendeu explica que atrás dessa porta há todos os recursos que você merece e que você vai entrar e pegar tudo que quer.

Você respira fundo e se prepara confirmando apenas com os olhos.

Tudo bem.

Ela então digita uma espécie de código e, por uma maçaneta grande, puxa a porta, e você olha lá dentro todo o dinheiro disponível no mundo, de todas as formas e tamanhos, todos os números e valores, de todas as nacionalidades.

Você então entra no cofre e mergulha nesse mar.

No começo pode até parecer estranho para você.

Você vai olhar em volta, ver se não tem câmera, se não tem ninguém olhando, mas não tem nada, ninguém para julgá-lo, nem mesmo você se julga, esse momento é só seu.

Como essa pessoa lhe explicou no Banco Universal, você pode pegar tudo aquilo de que precisa.

Tudo. Tudo.

O dinheiro é bom!

Então, quero que você agora pense em um valor: quanto você retiraria agora desse Banco Universal? Você precisa trazer à sua mente agora um número.

Se tiver dificuldade em mentalizar o número, veja por que você não consegue imaginá-lo.

Quanto seria bom para você? Quanto do recurso Universal Dinheiro você traz agora para sua vida? Está tudo disponível.

Você então retira tudo de que precisa e começa a sair do banco, e ninguém olha para você, ninguém o culpa, ninguém julga.

Muitas pessoas estão adormecidas e não percebem que todos os recursos estão disponíveis no Banco do Universo.

Não percebendo que os recursos estão disponíveis, então, elas não pegam, mas todos os dias as pessoas também têm a oportunidade.

Você agora desperta em você que o dinheiro é bom!

Desperta a capacidade de cocriar uma realidade próspera.

O dinheiro é bom! Abundante. O dinheiro é bom!

Com riquezas, o dinheiro é bom!

O melhor, o dinheiro é bom!

Cocriando todos os seus sonhos e desejos.

O dinheiro é bom!

Sem se incomodar a partir de hoje sobre o que vão falar de você.

O dinheiro é bom! E para você o dinheiro é bom!

O dinheiro, o dinheiro é bom!

Sinta como você se sente com todo esse recurso disponível.

O dinheiro é bom!

Você, a partir de agora, não precisa mais carregar nenhuma crença que o limita, que o impede de ser ainda maior.

O dinheiro é bom!

Você, todas as vezes que usar o recurso dinheiro, vai lembrar que o dinheiro é bom, importante, é um grande recurso.

O dinheiro é de Deus, o mundo é de Deus, você é de Deus. Você é Deus.

O dinheiro é bom!

Relaxe e confie em você!

Repita para você mesmo: o dinheiro é bom! O dinheiro é bom!

Enquanto isso, perceba que o seu corpo, sua mente e seu espírito se alinham sobre as novas e poderosas ideias.

Agora que você deixou para trás todas as crenças que o limitam, você abre a cabeça com a possibilidade.

O dinheiro é bom!

Para trazer toda a prosperidade e abundância que

você merece.

Enquanto você restaura suas células, as sua microcélulas, ouça a música terapêutica mais um pouco, durante 5 minutos.

QUERO QUE VOCÊ TRAGA À SUA MEMÓRIA, DIANTE DOS SEUS OLHOS, TUDO AQUILO QUE VOCÊ MAIS DESEJA, AGORA QUE JÁ POSSUI TODOS OS RECURSOS DO UNIVERSO: **O DINHEIRO.**

PASSO 10

Em mim basta!

A vida continua a me surpreender com milagres diários.

O QUE MAIS VOCÊ VAI USAR NESTE CAPÍTULO É: **EM MIM BASTA! EM MIM ACABOU! EM MIM CHEGA!**

Você viu, no último capítulo, que estamos trabalhando com camadas mais profundas do dinheiro, e em todos os primeiros passos começando o capítulo com imagens do dinheiro, para que você pudesse fazer uma análise do que sente quando vê muito dinheiro, para provocá-lo mesmo.

Se está tudo bem para você, está ótimo! Depois fizemos, no capítulo passado, um exercício das crenças limitantes, que é tudo aquilo que nos impede de avançar. Todo o nosso pensamento passa antes no filtro das nossas crenças, o que está em nosso inconsciente.

E em relação ao dinheiro, ao nosso dinheiro, temos muitas crenças, e coloquei uma lista com todas elas no último capítulo. Lá você verificou quais você tem, e até pedi para que você acrescentasse crenças novas.

Dificilmente, ao longo da vida, ouvimos que o dinheiro é bom, e ele é bom porque causa em nós muitas experiências positivas, e causa em nós também muitas verdades, como um curso, como uma viagem que você pode oferecer para sua família, como uma roupa gostosa que você compra para ir a uma festa e com a qual se sente bem para chegar à festa, então o dinheiro cria em nós muitas verdades.

Então analise se ficou algum resquício aí dentro.

Você vai saber se ficou algum *resquício de crenças* analisando o seu pensamento. Você vai aprender a **limpá-lo** agora.

Entenda uma coisa: a partir de agora, você vai prestar atenção em como você está pensando, como está se sentindo todas as vezes que tiver algum contato com dinheiro, com seu cartão de crédito ou quando for simplesmente passar alguma compra no supermercado para pagar no caixa.

Nesse momento você vai ver como está se comportando em relação ao dinheiro, e, se vier alguma crença, algum pensamento negativo, você vai cancelar aquela informação simplesmente dizendo: **EM MIM BASTA!**

Vamos imaginar que você viu um carro muito bonito numa loja e olhou aquele carro. Aí vem uma vozinha lá no fundo da sua mente dizendo assim: "É muito caro para você, você nunca vai conseguir comprar esse carro". Sabe aquele diabinho que fica ao seu ladinho?

E aí você vai dizer assim: **"EM MIM BASTA!"** e nesse momento você cancela essa informação negativa que veio à mente, cancela qualquer pensamento que esteja aparecendo para enfraquecer seu dinheiro.

Veja a imagem com que abrimos o capítulo agora: o fogo vem pegando em vários palitos de fósforo, e de repente um se retira, e o fogo para.

O que esse fósforo fez: **EM MIM BASTA!**

Ele se retira.

AO INVÉS DE QUALQUER IDEIA NEGATIVA, VOCÊ VAI USAR:

"Minha energia agora é toda *gratidão*, porque sei que coisas incríveis já aconteceram para mim.

Abro minha **sensibilidade** para perceber qual caminho seguir agora.

Sei que sou capaz de criar **milagres**, o que de melhor pode me acontecer agora?"

É exatamente isto que você vai fazer agora: todas as vezes que vier uma crença, seja ela uma crença hereditária, aquelas passadas pelos nossos avós para os nossos pais e para nós, seja uma crença social, como: “No Brasil ninguém prospera, só fica rico quem é corrupto”, ou as crenças pessoais que vêm devido ao que já passamos – um sócio que o roubou e o fez perder tudo ou algum investimento errado, enfim, alguma experiência pessoal negativa que você tenha passado em relação ao dinheiro –, em qualquer momento, você vai simplesmente dizer: **EM MIM BASTA!**

E se você não puder falar em voz alta, diga mentalmente, porque o importante é que a sua mente sempre trabalhe o **"EM MIM BASTA! EM MIM CHEGA!".**

Isso vai ser uma ferramenta tão forte dentro da sua cabeça que você vai começar, a partir de agora, a criar uma outra energia à sua volta, que é o que vou explicar para você no próximo capítulo.

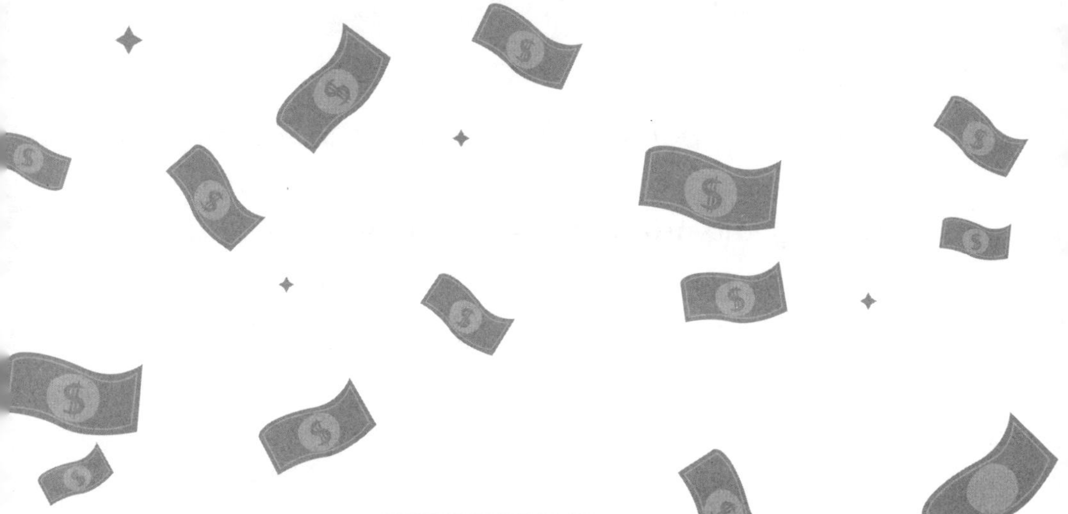

PASSO 11

Inconsciente do dinheiro

A prosperidade é minha aliada,
e me sinto bem sendo assim.

Todo nosso pensamento, o mais bobo que você acha, o mais bobo que você sente que não vai mudar em nada, ele automaticamente está ativando o seu sentimento, e ele muda a molécula do seu corpo fazendo com que você crie à sua volta uma energia, uma frequência vibracional.

O dinheiro é uma energia que o conecta e lhe facilita ter todas as coisas.

O QUE ACONTECEU COM SEU DINHEIRO PARA ELE TER **FICADO BLOQUEADO**?

O seu dinheiro passou a começar a ser destravado exatamente quando você reconheceu os seus pensamentos, os seus sentimentos, e automaticamente criou à sua volta uma nova assinatura energética.

Essa assinatura vibracional está à sua volta o tempo inteiro funcionando com você a todo momento, até quando dormimos ou quando estamos distraídos assistindo a um filme, e tudo isso acontece pois estamos acreditando em algum pensamento com muita força!

Nada no mundo vai faltar, no mundo existe **amor** suficiente, **alegria** suficiente, **prosperidade** suficiente e **dinheiro** suficiente para o mundo inteiro.

@WILLIAMSANCHESOFICIAL

Sempre me perguntam assim:

> William, se todo mundo usar a **Lei da Atração** e usar o planeta como um catálogo, fazendo as suas escolhas e trazendo para a vida exatamente o que quer ter, **não vai faltar coisas no mundo?**

Não!

Nós somos imagem e semelhança do que é bom, do que é verdadeiramente grande, de Deus. Todas as vezes que você sentir uma crença em relação a isso, coloque a mão no peito e diga:

"Eu sou uma experiência humana de Deus".

Isso é muito forte, e nesse momento você se fortalece, fortalece os seus pensamentos e fortalece a sua vibração energética.

Nesse momento você começa a ter resultados, começa a vir para você dinheiro inesperado.

Pessoas começam a fazer contato com você de alguns negócios que estavam parados. O inquilino que não pagava aluguel liga pra você porque conseguiu pagar o aluguel.

O **Destravar o seu Dinheiro** começa a acontecer em várias e várias situações, como alguém que o convida para ir a um restaurante e paga a conta – isso também é dinheiro inesperado.

Destravar o dinheiro não é simplesmente trabalhar para o dinheiro vir para sua mão, aliás, isso é uma crença também, achar que, para ter mais dinheiro, você precisa também trabalhar mais. Você precisa trabalhar de forma inteligente, precisa trabalhar de forma boa, abundante, próspera.

"Eu sou uma experiência humana de Deus na Terra."

Quando você vibra com raiva do dinheiro, com raiva de gente rica, com raiva das pessoas que estão à sua volta, que prosperaram, ou sentindo inveja de alguém, achando que as coisas boas não vão acontecer para você porque você não é merecedor ou rejeita as oportunidades que lhe chegam, nesse momento você bloqueia o seu dinheiro, então lembre:

EM MIM BASTA!

Chega uma crença limitante, vem um pensamento negativo:

EM MIM BASTA!

Essa é uma técnica para você usar a partir de agora diariamente.

A segunda coisa é: quando vier o pensamento negativo, você vai se lembrar, que à sua volta você está criando externamente o seu mundo interno.

Meu mundo externo é criado a partir do meu mundo interno, então, destravar meu dinheiro não é focar no que está dando errado, é focar no que está funcionando.

Nossa mente inconsciente é como um quarto escuro; você ilumina alguns cantos desse quarto, então...

Vá para o próximo capítulo que lhe conto mais!

PASSO 12

Inconsciente do dinheiro II

Estou determinado a ter mais dinheiro.

Vamos imaginar a sua mente como um quarto escuro que não tem luz, mas você lembra que no seu bolso você tem um isqueiro.

Então você vai até um canto do quarto e acende o isqueiro, e começa a iluminar um cantinho do quarto, conseguindo ver aquele canto do quarto que antes estava escuro e agora você consegue iluminar.

Quando apaga o isqueiro, não é porque você não está vendo o canto do quarto escuro que ele deixa de existir.

Ele deixa de existir para sua mente, mas, se eu for lá e acender novamente, clarear aquele canto do quarto escuro, volto a ver as coisas.

Na nossa mente é exatamente assim que funciona.

Temos a mente consciente e a mente inconsciente.

Quando você coloca foco em alguma coisa, está clareando, acendendo algum ponto da sua mente.

Então vamos imaginar que você colocou foco na escassez:

"Nossa, está vindo *muita dívida*"

"Eu tenho muita dívida para pagar, **muita dívida** para mim"

"Todo dia que abro a caixa do correio tem uma conta para pagar, **preciso fazer dinheiro** para pagar as minhas dívidas"

A MINHA PERGUNTA É: **NO QUE VOCÊ ESTÁ FOCANDO NESSE MOMENTO?**

Em dívidas!

E mais dessa realidade você constrói para você!

Consegue perceber? Se você foca nas dívidas, mais você entra nessa sintonia, e mais disso vem a você.

Dívidas, sim, porque a sua mente presta atenção na dívida, a sua mente está focada em pagar dívidas. Preocupação é a mente na escassez, o contrário da gratidão.

Sua mente na dívida ou pensando em como pagar afirma mais a falta que está em sua vida.

Mas, William, o que eu faço então se minha cabeça **não para de pensar nas dívidas**?

Você não está focado em fazer riquezas.

Deixe-me lhe contar como faço há anos e deu muito certo!

Eu, por exemplo, não estou preocupado em pagar dívida, em pagar contas.

A minha preocupação, o meu foco e a minha inteligência **estão totalmente focados em fazer dinheiro.** Quando **eu faço o dinheiro, automaticamente as contas são pagas.**

Então clareio o canto da minha mente, entendo o que está acontecendo ali e aquilo que não funciona para mim aquilo que não é bom, não preciso ficar colocando foco.

Então você coloca mais foco *nas dívidas* OU *em fazer dinheiro?*

Você coloca mais foco *na sua saúde* OU *no medo de ficar doente?*

Você *agradece a vida que tem* OU o seu *foco está no medo de morrer?*

Mais daquilo negativo que você fala será mais disso que começará a acontecer para você, mais disso que chega para você.

Por isso vou fazer, no próximo capítulo, um exercício

que eu preciso que você se tranquilize porque vou focar em alguns pontos da sua mente que ainda estão escuros, e vamos clarear de forma positiva, ressignificando a sua mente.

O objetivo deste livro não é explicar com profundidade para você entender o funcionamento da mente, esse não é o meu objetivo com o **"Destrave seu Dinheiro"**.

Meu objetivo aqui é destravar o seu dinheiro, mas algumas coisas tenho que explicar até para você aprender a usar sua mente no dia a dia a favor do seu dinheiro.

O exercício que vou fazer é **tão poderoso** que, se ficou alguma coisa que o incomoda, já vai lhe fazer muito bem, e vamos clarear tudo isso a partir de agora.

PASSO 13

Afirmações poderosas para o dinheiro

Dinheiro abençoado, eu e você somos amigos.
Dinheiro abençoado, eu reconheço seu valor.

COLOQUE AQUELA **MÚSICA GOSTOSA** ENQUANTO LÊ ESTAS MINHAS PALAVRAS ABAIXO.

Muito bem, que bom que você chegou até aqui!

Respire fundo, e vamos agora ressignificar algumas coisas em sua mente. Escolha um lugar confortável e respire com tranquilidade, porque nesse momento vou falar com a sua mente inconsciente.

Então você não precisa se preocupar com absolutamente nada, está tudo bem.

Está tudo confortável, tranquilo e seguro para você e também para mim.

Quero que nesse momento você imagine que está completamente em segurança.

Falar sobre a mente e conversar com sua mente é seguro e bom.

Você está indo muito bem.

Então relaxe e aproveite esses minutos em que vamos ficar juntos, em que você vai destravar o seu dinheiro.

Desde que você nasceu, foi gerado e bem cuidado, porque você foi criado à imagem e semelhança do que é bom, do que é verdadeiramente grande.

Tudo na vida foi programado para que você tenha abundância.

Você é totalmente abundância.

As coisas começam a funcionar para você a partir de agora porque você reconhece e se lembra disso.

Tudo bem, você pode até ter tido algumas experiências negativas em relação ao dinheiro ao longo da vida, mas, por mais que você não tenha percebido, muitas pessoas dedicaram dinheiro a sua criação.

O dinheiro sempre esteve presente na sua vida.

As pessoas que o criaram compraram para você roupas, sapatos, meias, remédio, brinquedos.

Muitas vezes você andou de carro, de ônibus, de metrô, e quem o levou nesses lugares enquanto você ainda era criança também gastou dinheiro.

Muitas pessoas que estavam à sua volta até o presentearam em alguns momentos.

Todas elas fizeram isso porque usaram dinheiro, então o dinheiro sempre foi natural em sua vida.

Por que então você em algum momento esqueceu que o dinheiro vem com facilidade, alegria e glória?

Agora você agradece e honra todas as pessoas que em algum momento usaram dinheiro na sua direção; o dinheiro é bom e lhe fez bem.

Por mais que você possa estar agora com sua mente racional querendo se defender e dizer que não é bem assim, porque você não ganhou coisas, mas foram doadas, foram ajuda de algumas pessoas, até assim alguém comprou, alguém fabricou, alguém entregou, alguém transportou.

Tudo e absolutamente tudo flui por causa do dinheiro.

Essa luz que clareia você agora, esse equipamento que você usa pra ouvir a música que toca, tudo é graças ao dinheiro. Então ele é bom e lhe proporciona muitas coisas, e agora você faz uma escolha de estar do lado do dinheiro.

Você não precisa mais ver o dinheiro como inimigo, como algo que o estorva, algo que o atrapalhe ou algo sujo. Isso são crenças antigas de pessoas que aprenderam assim, mas ***em você BASTA!***

Diga agora para você mesmo.

Coloque a mão em seu peito, respire fundo e sinta. Se você puder, diga:

EM MIM BASTA! EM MIM BASTA!

Está tudo bem.

Respire fundo, e vamos agora entrar em um quarto escuro.

Nesse quarto escuro você não consegue ver absolutamente nada, mas não sente medo.

Você se lembra de que no seu bolso você tem uma lanterna.

Então você pega sua lanterna e foca em um canto do quarto, e quando você ilumina esse canto do quarto, visualiza uma pessoa sentada.

Você então vai com a sua lanterna e se aproxima dessa pessoa, e quando chegar perto, você vê a pessoa que mais atrapalhou sua vida financeira até aqui.

Essa pessoa está sentada à sua frente, essa pessoa

o atrapalhou, essa pessoa bloqueou o seu dinheiro, ou essa pessoa o roubou, ou o enganou.

De alguma forma essa pessoa atrapalhou em algum momento da sua vida o seu dinheiro.

Essa pessoa também pode ter pegado o seu dinheiro sem permissão. Isso também significa que ela atrapalhou o seu dinheiro, então você ilumina mais esse canto do quarto, ilumina mais essa pessoa.

Ela olha bem para você e lhe pede perdão.

Ela lhe pede perdão por ter atrapalhado o seu dinheiro.

Agora você respira fundo e perdoa!

Sei que pode parecer desafiador perdoar, também entendo que a sua dor é legítima, mas continuar com essa mágoa, com essa raiva, com esse rancor, não fará bem para o seu dinheiro daqui para a frente.

Então perdoe, faça um esforço para perdoar e compreender que a pessoa só agiu do jeito que ela consegue ser e que você é muito maior que tudo isso.

Você apaga sua lanterna, e essa pessoa fica ali.

Ela não tem mais força sobre você, e, ainda que tivesse até aqui, a partir de agora ela irá se desconectar de toda a sua energia.

Então você mira agora sua lanterna para um outro canto do quarto escuro, e quando ilumina o outro canto do quarto escuro, vê todas as coisas que comprou sem necessidade alguma.

Você não precisava ter comprado isso, veja que são coisas que às vezes você nem usou ou tão pouco usou.

Veja que, ao longo da sua vida, você usou o seu dinheiro de maneira muito errada e desnecessariamente.

Então veja tudo que você comprou e que agora você não precisa mais, e nesse momento você pede perdão não a você, mas a todas as coisas que comprou.

Veja todas elas com calma, então você perdoa todas as coisas.

Você comprou tudo isso desnecessariamente, e a partir de agora, se ainda tem isso na sua casa, pode doar, vender, fazer mais dinheiro ou simplesmente direcionar para instituições ou pessoas que estejam precisando disso que você não precisa.

Tudo aquilo que você tem e não precisa está fazendo falta em alguma parte do mundo.

A vida e a prosperidade são um fluxo contínuo.

Se você tem coisas paradas e que não usa, é o seu dinheiro empatado.

Livrar-se dessas coisas vai fazer o seu dinheiro fluir.

Respire fundo e se despeça de todas essas coisas de que você não precisa mais.

Então você começa agora a sair desse quarto escuro lembrando que tudo que estava aí dentro está agora resolvido, está tudo bem.

Você se ama, e está tudo bem!

Você compreende, você honra, você valoriza o seu dinheiro.

Tudo é importante e tudo é dinheiro.

Relaxe e você pode voltar agora para o exato lugar de onde está se sentindo em segurança, sentindo-se bem.

Deixe a música terapêutica acalmar a sua mente e limpar sentimentos de que não precisa mais, trazendo-lhe força, alegria, perseverança, amor, prosperidade, alegria e força espiritual para que você possa continuar usando seu dinheiro de forma inteligente e possa multiplicar e destravar o seu dinheiro e também o das pessoas que estão próximas a você.

***RESPIRE FUNDO** e se veja com tudo aquilo que você sonha já em sua vida.*

Sinta como é bom, assim está feito, assim é!

Escreva agora aqui para mim, **como foi essa sensação?**

Descreva como é você **com todo o dinheiro que sabe que pode ter.**

Com estas palavras você vai ajudar seu cérebro a criar esse caminho neural:

O DINHEIRO NÃO É MAIS OBJEÇÃO EM SUA VIDA, O DINHEIRO **AGORA ESTÁ TOTALMENTE DESTRAVADO** E VEM A VOCÊ **FACILMENTE** E DE **MANEIRA ABUNDANTE.**

O dinheiro e vocês são amigos, e vocês são muito íntimos.

A partir de agora, vou fazer afirmações poderosas para o dinheiro, e você vai perceber que toda a sua assinatura energética vai se fortalecer, criando à sua volta uma energia como um ímã conectando toda forma material que o dinheiro pode lhe oferecer, fazendo com que você tenha naturalidade para ficar rico.

A riqueza é natural no mundo, e você terá acesso a partir do momento que fortalecer toda a sua vibração e começar a visualizar novos e importantes resultados no seu dia a dia.

PASSO 14

Fazer muito dinheiro não é sorte, é o padrão mental correto agindo

Dinheiro abençoado, eu acredito num fluxo, e por isso vou deixá-lo circular.

É muito importante que você os valorize e crie a sua volta uma rotina de gratidão, de amor e de reconhecimento a todas as bênçãos que chegam para você.

Isso faz seu padrão mental se alinhar com o dinheiro.

VEJA, TER MAIS DINHEIRO NÃO É GRITAR POR DINHEIRO O TEMPO TODO.

É APRENDER A LIDAR COM ENERGIA, PENSAMENTO E VIBRAÇÃO.

Respire fundo e sinta essas afirmações poderosas para o dinheiro como **verdades absolutas** para você, trazendo-lhe de volta o seu gigante interior que antes estava adormecido com tanta energia negativa.

Você vai poder repetir essas afirmações e refazê-las quantas vezes quiser.

Elas são suas e podem fazer parte do seu vocabulário energético positivo.

Repita e, se puder, faça em voz alta.

— Eu estou —
em alinhamento com
o poder do Universo

Eu sou grato e feliz pelo
dinheiro que tenho agora

Eu sou uma
pessoa
maravilhada
com a vida

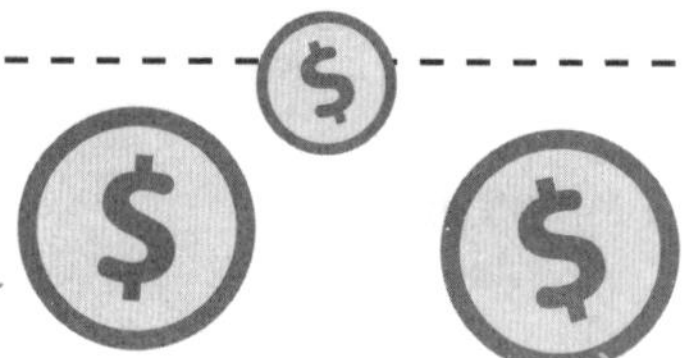

Eu sou
incrivelmente
bem-sucedido

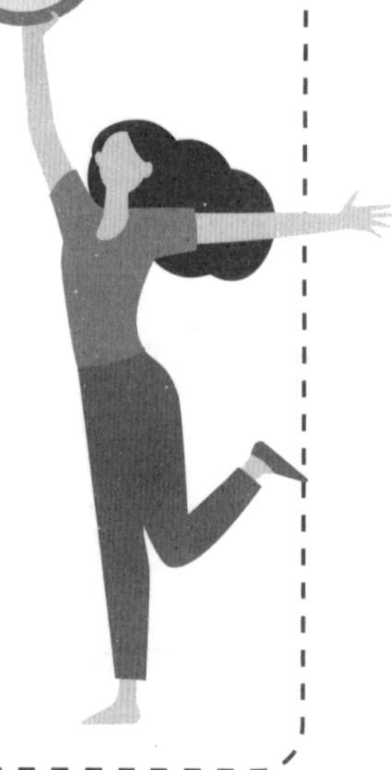

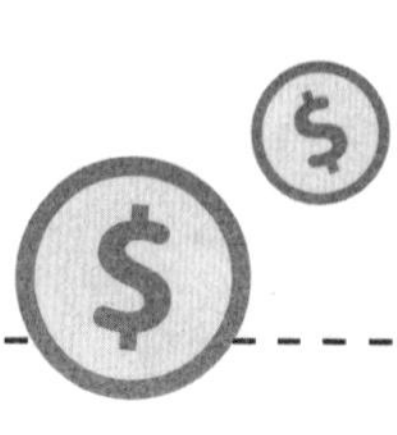

Eu sou forte e poderoso
para criar coisas
que não vão me impedir mais
de ser abundante

Eu tenho
certeza
do que eu quero

Eu sou consciente
do que eu quero

Eu estou
determinado a ter
mais dinheiro

Eu sempre encontro
formas de
atrair mais e mais
dinheiro

Eu estou confiante de que
o melhor está vindo

Eu sou
uma pessoa
abundante

Eu vivo no presente
e eu escolho
no presente
ter mais dinheiro

Eu sei que tem mais
dinheiro sendo
fabricado para mim
exatamente agora

Eu gosto
de ser rico

Eu gosto do
dinheiro,
e o dinheiro
gosta de mim

Eu conheço
pessoas incríveis
que vão influenciar as minhas finanças positivamente

Eu estou determinado
a atrair mais
riqueza

Eu estou em
alinhamento
com o fluxo
do dinheiro

Minha vida é
incrível

Eu sempre
encontro formas
de atrair mais e mais
dinheiro, e isso é
saudável para mim

Eu confio no
poder do Universo

Eu mereço
o melhor

• Minha vibração •
é perfeita

Eu sou um
ser saudável

Eu sou uma pessoa
que atrai riqueza

Minha vibração
energética
é perfeita

Minha vida é incrível

Eu tenho uma vida maravilhosa

Eu confio no meu poder de manifestação do novo

Eu estou dedicado a
atrair riquezas

Eu sou uma
pessoa perfeita

Eu sou um ímã para o
dinheiro

Eu sou uma pessoa
que atrai riqueza

Eu permito
que o melhor
chegue até mim

Eu me amo e
está tudo bem

Escolha **3 AFIRMAÇÕES** que você considera serem mais urgentes para ter em seu vocabulário energético positivo.

Faça um cartão e use-o!

Tenha sempre em mãos, na bolsa, colado na geladeira, enfim, faça sua mente sempre olhar e **AFIRMAR ISSO.**

Você é uma forma elevada de Deus no mundo.

Não foi criado para viver na escassez.

Estou ajudando-o, mas você precisa se ajudar.

AFASTE-SE DE QUALQUER COISA QUE NÃO ESTEJA LHE SERVINDO E SE CONECTE COM O QUE VAI CONECTÁ-LO COM **SUA VIDA DOS SONHOS.**

PASSO 15

Pensamento são coisas

Dinheiro abençoado, eu invisto em você, e você investe em mim.

Olha que bacana aonde você chegou! Parabéns! Costumo dar os parabéns para os meus leitores quando eles concluem alguma etapa de meus livros. E vou dizer que foi uma etapa muito importante.

Você chegou até este capítulo, e muitas pessoas desistem no meio do caminho, vão deixando o que eu chamo de portas abertas.

Uma porta aberta é quando você começa o curso de inglês e faz a primeira semana, a segunda, e aí o professor dá uma dica. O professor falou alguma coisa para você no sentido de ser um pouquinho mais difícil, ou você briga com algum coleguinha da turma e fala assim: "Não vou mais, vou largar, deixa para lá, vou pagar a multa ou não vou mais pagar as prestações".

Enfim, não importa como, mas você não faz mais o curso.

Você deixa a porta aberta quando começa uma amizade e de repente não quer mais saber daquela pessoa, porque ela fez alguma coisa para você, e você simplesmente sai da vida dela sem dar nenhuma satisfação. Você também deixou uma porta aberta.

O que quero dizer é que você não deve deixar nada para trás; é importante que você conclua as coisas.

Vamos imaginar que você começou o **Destrave seu Dinheiro** e aí, no segundo, terceiro capítulo, você diz assim: "Ah, isso aí não vai dar em nada, então vou deixar para lá, porque nada muda na minha vida mesmo".

De repente essas pessoas que fizeram isso, e boa parte das pessoas fazem isso, estão deixando portas abertas. Imagine que você tem uma mente que é uma **MENTE GOVERNANTE.**

Essa mente governante, como o próprio nome já diz,

governa você, e essa mente governante não é a mente de Deus.

Quando você olha para as coisas que tem, pode imaginar que Deus lhe deu tudo. Só que essa mente governante é a sua mente, não é essa mente que está longe ou essa mente que simplesmente vai te trazer absolutamente tudo para sua vida.

A mente governante são os seus pensamentos, as suas crenças, formam um paradigma, e esse paradigma, é um modelo de conduta que você vem adotando por muitos e muitos anos. O que fiz aqui no **Destrave seu Dinheiro**, desde o primeiro passo, foi reprogramar a sua mente. Por isso, que automaticamente você destrava o seu dinheiro e destravar o seu dinheiro, são pequenas coisas, pequenos hábitos.

Se você colocar como meta ganhar na Mega Sena, ganhar um milhão de reais, você colocou uma meta para ganhar um prêmio, e está esperando vir um dinheiro para você.

Experimente utilizar o **Destrave seu Dinheiro**, esse livro tão poderoso sobre essa energia quântica do dinheiro, com pequenos hábitos do seu dia a dia, como algo que você tem a pagar, algo que você quer começar, o empreendimento em que você quer trabalhar, um curso em que você queria investir, um dinheiro inesperado, ou trabalhar o seu banho para um banho quântico e que – explico mais à frente como você fará dinheiro enquanto toma banho. Use para o dia a dia o **Destrave seu Dinheiro**, porque uma grande caminhada começa com um pequeno passo.

A maioria das pessoas, 98% das pessoas que ganham um grande prêmio na Mega Sena, acabam perdendo o dinheiro, mas não é porque o dinheiro deixou de existir. O dinheiro não pegou fogo e deixou de existir, ele simplesmente mudou de mão.

Por essa você não esperava!

Veio um milhão para uma pessoa, mas de repente aquele milhão começa a ir para outras mãos, e essa pessoa, por não ser próspera, o dinheiro desaparece das mãos dela. Por ela deixar tantas portas abertas lá atrás, não ter uma energia quântica relacionada ao dinheiro, não trabalhar essa energia próspera e abençoada, essas coisas começam a acontecer de forma repetida na vida dela. Então ela diz que é um carma, que nada mais é que uma repetição na sua vida de padrões – e uma repetição de padrões forma o seu paradigma.

O que fiz ao longo do livro **Destrave seu Dinheiro** foi reprogramar sua mente para que você fosse limpando crenças limitantes, velhas crenças relacionadas ao dinheiro se você, do passo um até este passo, fez todas as meditações e começou a trabalhar a mente, já começa a ter uma mente diferente. E automaticamente por ter uma mente diferente e pensar de forma diferente, você começa a criar à sua volta toda uma energia diferente, porque o seu cérebro produz toda essa vibração.

E como é bonito quando alguém pensa em prosperidade, quando alguém pensa em evoluir, quando alguém pensa em abundância. É bonito quando alguém cresce, quando alguém empreende, quando alguém monta um negócio, quando contrata alguém, quando alguém vende algum produto, algum serviço, e alguém fica feliz porque você tocou a vida.

É bonito quando alguém pensa sobre a sua prosperidade. Você já pensou como pensam as pessoas sobre prosperidade?

Napoleon Hill escreveu diversos livros sobre prosperidade e deixou um conhecimento muito grande que quero compartilhar com você:

"O DESLEIXO EM ALARGAR A VISÃO MANTEVE MUITA GENTE FAZENDO A MESMA COISA A VIDA INTEIRA".

O que muda a prosperidade de alguém? Você já se perguntou isso?

Todos temos um pensamento governante, e esse pensamento governante é criado por várias crenças que criam um paradigma.

A vida não é ruim, ela só está lhe dando mais do mesmo. É simples assim! A vida está lhe dando mais do mesmo daquilo que ela consegue magnetizar para você.

Dinheiro e suas forças interiores são exatamente a ligação para que você possa despertar sua vitória, para que você possa ir para a frente, para que você possa trazer conforto para sua família, mas grande parte das pessoas mantém a mente delas com pensamento governante na escassez.

Preste atenção nesta imagem que vou lhe mostrar agora.

Nela você vê um homem em um primeiro momento cavando, cavando, cavando, cavando, e na linha de baixo um outro homem que apenas desiste. Ele desiste da prosperidade dele, ele desiste do objetivo que ele tinha.

Mostrei essa imagem para provocar sua mente, porque você não pode desistir.

De repente, você está a uma casquinha só de acessar sua bênção, uma casquinha só de acessar abundância para sua vida.

Vou dizer uma coisa: trabalhei durante quinze anos para fazer meu primeiro um milhão, mas durante quinze anos trabalhei, estudei, me esforcei, quebrei a cara.

Vim de uma família simples, meu pai era feirante, e vivíamos na escassez. Hoje sou empresário próspero e tenho uma equipe grande e próspera.

Até o momento, são mais de vinte mil alunos online, mais de dezenove livros publicados, programas de televisão – você já pode visto alguns deles –, mas demorei quinze anos para chegar até aqui. Só que não demorei, eu estava no meu tempo e precisei bater muito a cabeça para descobrir algumas coisas que agora estou compartilhando aqui com você, e estou lhe dando um atalho.

Sabe aquela história da Chapeuzinho Vermelho quando encontra o lobo no meio da floresta e está indo levar comida para a vovó, e no meio do caminho encontra o lobo, que pergunta o que ela está levando no cesto?

Ela diz que são doces para a avozinha, e ele simplesmente pega um atalho e chega primeiro na casa da vovó e come tudo que era para a vovó, e você conhece o restante da história.

O que estou dizendo com isso é que quem conhece um atalho chega primeiro. Para você ter um atalho, não precisa ser o malfeitor, não precisa ser um lobo mau. Existem pessoas que já passaram por uma série de caminhos e que agora estão contando para você.

O livro **Destrave seu Dinheiro** são esses atalhos que trabalhei com a sua mente, portanto, quero que você dê três respostas a estas perguntas que vou fazer.

Pegue uma caneta, porque vou fazer três perguntas poderosas para você aprender, a partir de agora, o que você quer com seu dinheiro, o que quer com o dinheiro que destravou, o que quer com as coisas que vão acontecer na sua vida a partir de agora?

Porque querendo ou não, você pegou um atalho para lidar com a energia do dinheiro, e fui provocando e limpando sua mente. Se você chegou até aqui, quero que responda agora a estas três perguntas.

PRIMEIRA PERGUNTA: ESCREVA UMA DECLARAÇÃO CLARA E CONCISA DE SEUS PLANOS.

Quero que você pare um pouco este capítulo e escreva objetivamente aquilo que quer.

Você vai, nesse momento, detalhar o que vai fazer com o dinheiro que está destravando, com essa energia, com esse pensamento novo governante em relação ao dinheiro que você está fazendo.

SEGUNDA PERGUNTA: DETERMINE O QUANTO DE DINHEIRO VOCÊ PRECISA PARA ISSO. É DIZER PRECISAMENTE QUANTO.

TERCEIRA PERGUNTA: LEIA A SUA DECLARAÇÃO TRÊS VEZES AO DIA EM VOZ ALTA PARA VER A SUA BÊNÇÃO, ENXERGAR A SUA BÊNÇÃO. REESCREVA SUA DECLARAÇÃO CLARAMENTE AQUI:

____

____

____

____

____

____

____

____

____

____

____

____

____

O seu pensamento governante precisa estar ligado, condicionado a isto: as técnicas, as declarações, a clareza, sentindo cada uma dessas palavras da sua declaração a partir de agora.

Cole no guarda-roupa, tenha na carteira, na tela do celular, tenha uma foto sobre isso, tenha sempre em mãos como na técnica do cheque quântico que acompanha este livro.

Você é bênção, você é abundância, você é prosperidade, e tudo de melhor agora, as melhores energias do mundo, pegam a sua direção, seu endereço, onde você está, e o Universo inteiro começa a se movimentar em sua direção, para que você possa cocriar a vida mais próspera, mais abençoada, destravando o seu dinheiro, ajudando outras pessoas a destravarem o dinheiro delas, ajudando as pessoas que você ama a serem melhores e, mais que isso, ajudando-o a ser uma pessoa muito mais próspera, abençoada e abundante.

TÉCNICAS *Express*

TÉCNICA DO DINHEIRO *Mágico*

A técnica do Dinheiro Mágico é uma técnica *express* de cocriação de realidade.

Quando falamos sobre Lei da Atração, estamos falando sobre dinheiro e sobre sua prosperidade, porque esse fluxo é que vai fazer com que você tenha todas as outras coisas que quer comprar.

Essas técnicas são muito rápidas, porque são para você poder aplicar no seu dia a dia.

Dinheiro é fluxo, dinheiro é energia, e vamos aprender agora a técnica do Dinheiro Mágico.

Muitas vezes, sem perceber, pegamos o nosso dinheiro e o usamos com frases ou expressões que o desprezam.

Você já aprendeu sobre a frequência do desprezo, que é o ato ou efeito de desprezar, falta de estima e apreço ou até desconsideração; é um desdém sobre alguma coisa. Então, quando você pega um dinheiro, por exemplo, e diz assim: "Ah, é só moeda, deixa para lá, moedas que eu não vou querer, não", você está dizendo que você não quer dinheiro. Também acontece quando você pega o dinheiro e fala: " O dinheiro é sujo".

É sujo mesmo, passa na mão de todo mundo, mas não é dessa sujeira que estou falando. É daquela sujeira interna, quando você acha que ter dinheiro é ser uma pessoa desonesta, uma pessoa que vai humilhar as outras pessoas ou que vai ter ego demais, ou até que virão chupins roubar seu dinheiro, porque você tem muito. Assim você acaba afastando o dinheiro por conta de crenças limitantes em relação a ele. Então, toda energia do dinheiro precisa ser observada, e você tomar cuidado.

Você sabe que muitas pessoas até se incomodam de ver outras pessoas com dinheiro na mão?

Já recebi relatos de pessoas que, quando ensino a técnica do Dinheiro Mágico e me veem com um monte de dinheiro na mão, acham que é somente para ostentar.

Quero saber qual é a sua reação quando você vê essa energia, quando vê uma imagem de um montão de dinheiro.

Respire fundo e veja como você se sente, pense na imagem do dinheiro e perceba o que você sente com aquilo.

Possivelmente você teve um pai que falava: "Eu tenho cara de banco, menina?" ou "Você acha que dinheiro nasce em árvore?", ou ainda "Você tem que ralar para conseguir alguma coisa", por isso vamos fazer agora a técnica do Dinheiro Mágico, para você se acostumar com o dinheiro.

Esse dinheiro mágico precisa estar na sua carteira, na sua bolsa ou no lugar onde você vai pegar toda hora.

Como é a técnica: você vai pegar um papelzinho, uma folha qualquer, e escrever:

Obrigado POR TODO o dinheiro QUE RECEBI ao longo DA VIDA

E anexar em alguma nota, não importa qual seja o valor da nota em que você vai fazer.

O importante é sentir gratidão por todo o dinheiro que veio até você por infinitas fontes, por infinitos trabalhos prestados por você, pela empresa em que você trabalhou, pelos produtos que você vendeu, e assim você vai criar um produto chamado Dinheiro Mágico, que vai precisar ficar com você durante sete dias.

Todas as vezes que você abrir a carteira ou bolsa, vai pegar o dinheiro e vai agradecer: "Obrigado por todo o dinheiro que recebi ao longo da minha vida".

Guarde o dinheiro de volta na bolsa ou na carteira.

Você não vai gastar esse dinheiro durante sete dias, nos quais estará fazendo a técnica do Dinheiro Mágico, e verá o dinheiro vir para você.

Você vai achar dinheiro que estava escondido, vai vir dinheiro inesperado, vai sair processo que estava enroscado, você vai ter um aumento de salário ou alguém vai convidá-lo para almoçar e vai pagar esse almoço para você, porque você está na vibração da gratidão pelo seu dinheiro.

Sempre diga:

" TUDO VEM A MIM COM FACILIDADE, ALEGRIA E GLÓRIA".

Depois dos sete dias em que você fez a técnica, agradeça esse dinheiro mágico, e pode fazer o que o dinheiro é feito que é fluxo: gastar, investir, colocar na poupança ou multiplicar esse dinheiro da forma que quiser.

Essa é uma técnica para que você possa fazer o dinheiro ser um dinheiro mágico, multiplicar em sua vida e você aprender a respeitá-lo, conviver com ele e vivenciá-lo a partir de agora.

CHEQUE *quântico*

COMP	BANCO	AGÊNCIA	C1	CONTA
520	741	8	8	318798

R$ ____________

PAGUE POR ESTE CHEQUE A QUANTIA DE: ____________

____

____

A ____________

____________, ______ de ____________ de ______

____

BANCO DO UNIVERSO
William Sanches

520 - 7142732189-3 - 1231115025

Vá até a **página 191** e recorte o seu cheque quântico

O grande segredo dessa técnica está na visualização do seu objetivo. No caso, quando criei a técnica, a visualização do meu cheque era de 1 milhão de reais, então o colei na geladeira, pois é um lugar visível a mim a todo momento.

Na hora que visualizo o cheque, respiro fundo e mentalizo esse valor na minha conta ou na minha empresa, pode ser qualquer valor – mediante seus objetivos e trabalho. Eu me estruturei para fazer esse dinheiro, lembre-se: nós fazemos dinheiro, e não ganhamos dinheiro. Então, é necessária uma estrutura pronta para fazer esse dinheiro, trabalho bem feito, e com condições de atingir o objetivo.

Não adianta fazer um cheque com o valor do prêmio da loteria e nem ao menos jogar. Não adianta fazer um cheque com um salário de R$ 20.000,00 se você não estuda, não se aperfeiçoa, não sai para trabalhar.

A Lei da Atração está se afinizando com a sua vibração, então, todas as vezes que você pensa, você estimula a sua vibração e se movimenta para isso. Tudo no Universo está em constante movimentação. Seu corpo está em movimentação, sua mente e nós estamos nos movimentando o tempo todo, e automaticamente nossa energia também.

Se você não tiver uma folha de cheque verdadeira (seu cérebro não sabe o que é verdadeiro ou falso, ele simplesmente vê e acredita), pode usar uma fotocópia colorida que você imprime na internet. Escreva o valor do seu objetivo, data, assine e ponha em algum lugar em que você irá visualizar sempre: na geladeira, na mesa do seu escritório, no espelho em frete ao qual você se arruma, dentro da sua carteira (mas abra o cheque e o veja).

VISUALIZE E SINTA ESSE VALOR NA SUA CONTA. SE QUISER, VOCÊ PODE USAR UMA FOLHA DE CHEQUE VELHA, ANTIGA OU ATÉ DE ALGUM BANCO QUE NÃO EXISTA MAIS. ISSO SEU CÉREBRO NÃO PRECISA SABER.

Um segredo muito importante: a Lei da Atração não funciona com coisas fora da caixinha, você não engana a Lei da Atração. Porém, olhando o cheque com determinado valor, você vai se acostumando com aquele montante e se sentirá à vontade com esse valor – e assim ele será cocriado dentro da sua realidade.

É muito importante você ter clareza de tudo o que quer. Quando você aprende a destravar o seu dinheiro, a prosperar, avançar e usar toda a sua força em direção àquilo que você quer, você precisa que o seu sistema se acostume, trate isso com naturalidade e assim virá para você. O Universo não lhe dá nada para sofrer, para que você possa se punir.

A sua mente diz sim, é você que determina as coisas que você quer, porém, se o Universo vê que aquilo só vai lhe trazer transtorno ou problema, a espiritualidade, que tem um olhar muito mais amplo do que podemos imaginar, faz com que as coisas não cheguem para nós.

Você pode observar o exemplo de pessoas que ganham na loteria e perdem rapidamente esse valor, arrumam brigas, separam-se da família ou até situações piores.

São pessoas que trouxeram tormenta para a vida delas, pois cocriaram uma realidade em que elas não estavam prontas para aquilo. Portanto, você precisa estar estruturado para não pirar nos seus resultados, porque, quando aprende a ser um polo consciente, emanando sua vibração, emanando seu poder quântico, os resultados começam a chegar.

Foque naquilo que você quer fazer, tenha clareza, e o cheque irá funcionar como um ímã, ativando toda a neuroplasticidade do seu cérebro, para que toda a sua assinatura energética possa vibrar em consonância com seus desejos, causando um colapso positivo dos seus desejos com o Universo, para que você possa trazer de uma maneira visível, a suas mãos, tudo aquilo que antes foi criado no invisível.

Aplique e treine! Não faça como um teste; todas as vezes que testamos, já nos enfraquecemos. Só testamos aquilo que não temos certeza, e essa é uma técnica comprovada!

ATRAIA TODOS OS RESULTADOS POSITIVOS QUE VOCÊ MERECE A PARTIR DE AGORA!

TÉCNICA ÍMÃ DO DINHEIRO

Todo mundo quer ser um ímã do dinheiro.

Já aprendemos, na Lei da Atração, que somos um ímã atraindo tudo o que pensamos, sentimos e vibramos – e quando falo em ser um ímã do dinheiro, vou ensinar uma técnica para aplicar na sua casa, e, a partir de agora, você vai ser um ímã do dinheiro.

Se mais pessoas morarem na sua casa e você não puder usar um dinheiro verdadeiro, não tem problema, pegue um dinheiro original e faça uma cópia colorida dele frente e verso, ou imprima uma nota de dinheiro (seu cérebro não vai saber se é verdadeiro ou falso).

O importante é a energia que será colocada.

Até este momento, muitas pessoas gastaram dinheiro com você, sabia? Sim, muitas pessoas compraram leite para você, fralda, levaram-no ao hospital, os médicos que estavam lá lhe deram o medicamento, injeção, e alguém gastou com você.

Então, ao longo da sua vida foi gasto bastante dinheiro com você, né?

Foram gastos valores monetários, quer seja uma alimentação, suco, uma passagem, uma viagem, uma roupa que você vestiu que alguém comprou para você – mesmo tendo sido dada por um estranho, esse estranho comprou essa roupa.

Se você morou no orfanato, alguém bancou o orfanato para ele poder existir.

Então, para que possamos existir aqui e agora, investiram dinheiro na gente.

Pode ser um amigo que o leva para passear, que o leve à praia, que proporcionou um passeio para você, como pode ser no passado, bem lá na sua infância pessoas que gastaram algum valor monetário com você.

Para que você seja um ímã do dinheiro, vai neste momento honrar todas as pessoas que um dia investiram dinheiro em você.

Não estamos falando do dinheiro que você investiu em outras pessoas, não é isso. Nós queremos ver lá atrás tudo que as pessoas investiram para que você existisse, e, a partir de agora, vamos honrar essas pessoas.

Você vai escolher uma nota de qualquer valor e vai fazer um papelzinho no qual vai abençoar, enquanto você escreve, todas as pessoas que até hoje gastaram algum valor com você.

Então você vai honrar essas pessoas, com muita gratidão e com muito amor a todas elas que gastaram algum tempo, algum dinheiro para que você pudesse chegar até aqui agora, e vai abençoar essas pessoas com esse ímã do dinheiro, escrevendo no seu papel: "Obrigado por todo o dinheiro que recebi ao longo da minha vida". Você vai colar esse dinheiro num lugar muito visível, por isso que eu disse que, se você tem mais alguém na sua casa e não pode deixar lá o dinheiro, porque senão alguém vai pegar, você deixa uma cópia colorida, deixa um xerox, não tem problema – mas você vai deixar num lugar em que visualize essa técnica do Ímã do Dinheiro, porque, quando abençoo e agradeço todo o dinheiro que investiram em mim, estou dizendo ao Universo: "Pode vir mais dinheiro para mim, porque sou um fluxo do dinheiro.

Ele vem a mim como um ímã, com facilidade, alegria e glória e esse dinheiro que vem é abençoado para que eu possa, neste momento, receber mais dele, por isso agradeço por todos os momentos em que ele já veio na minha vida".

Cole na geladeira, no guarda-roupa ou na sua mesa do escritório, mas tenha sempre esse dinheiro abençoado e agradeça a ele.

Obrigado por todo o dinheiro que recebi ao longo da minha vida.

TÉCNICA MANIFESTANDO DINHEIRO *enquanto toma banho*

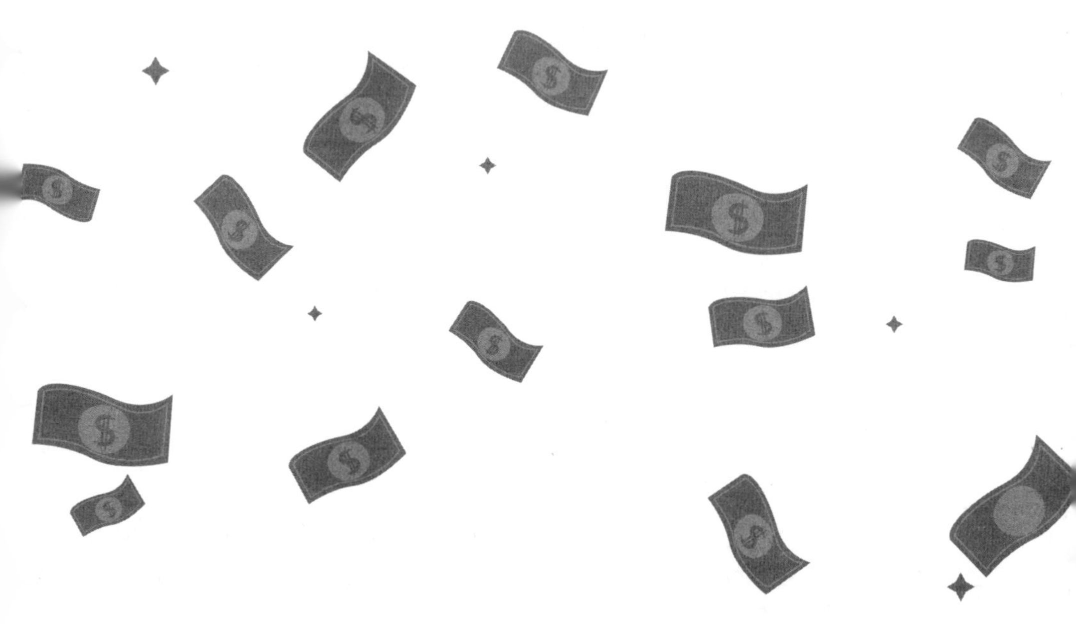

O banho mais poderoso da sua vida é o que você vai aprender agora.

É um banho poderosíssimo, e sei que muitas vezes durante o banho é o único tempo que você tem para você mesmo.

Muitas vezes, em nosso dia a dia, o banho é um momento de reflexão.

Quantas vezes, enquanto você está tomando banho, tem uma ideia?

Quantas vezes você está tomando banho e se lembra de alguém para quem tem que responder uma mensagem ou um *e-mail*?

Sabe por quê?

Porque naquela hora em que você toma banho, você relaxa, e, quando relaxado, muitas informações voltam para sua mente consciente.

Temos duas mentes: a mente consciente e a mente inconsciente.

Falo do inconsciente, que é a mente mais profunda. Tem a subconsciente, que está no meio do caminho. Mas vou falar da inconsciente, onde estão as nossas memórias, os nossos traumas, os nossos medos, as nossas angústias e as nossas crenças (que é tudo aquilo em que acreditamos com muita força) estão no nosso inconsciente. Porém, muitas dessas informações não são nem nossas; somente estamos alimentando crenças lá de trás, dos nossos ancestrais.

A primeira coisa que você deve fazer é ter um objetivo claro, só um, porque você irá colocar foco nele.

Quando entrar no banho, ligue a água e coloque uma música (assim você impulsiona esse exercício muitas vezes, mas tem que ser sempre a mesma música), e toda vez que você ouvir a música e fizer o banho repetidamente, vai impulsionar e trazer seu objetivo com mais energia, com mais força.

Coloque a música e tome seu banho.

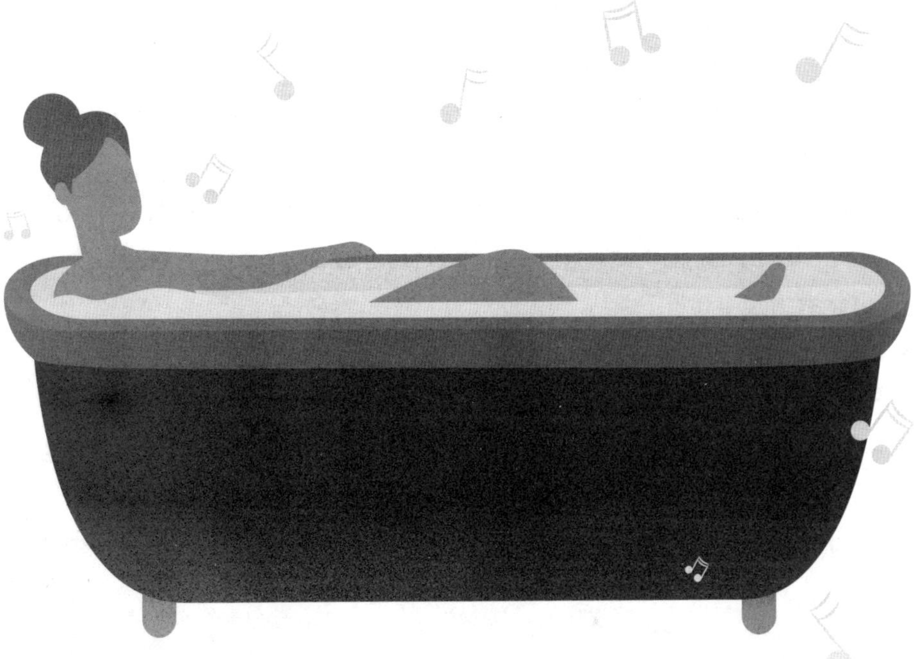

Durante o banho, mentalize a água o abençoando, trazendo-lhe uma vida próspera, e sinta-se dentro do seu objetivo.

FECHE OS OLHOS E SINTA TODOS OS DETALHES DO SEU OBJETIVO JÁ CONCRETIZADO.

Se seu objetivo, por exemplo, for um apartamento novo, visualize-se dentro dele, tomando seu banho no banheiro novo, curtindo a sala de estar, cozinhando com sua família ou até dormindo em paz em sua casa nova.

Sinta todos os detalhes.

Desligue o chuveiro e abençoe aquela água, abençoe o banheiro, abençoe essa oportunidade.

Automaticamente a sua mente cria essa realidade.

Todo o seu sentimento se conecta com muito amor àquele apartamento, e a música o ajuda a elevar sua vibração.

Faça esse exercício, que é poderosíssimo – e não adianta fazer uma vez, faça pelo menos durante três meses, porque a sua mente todos os dias precisa criar aquela realidade.

Vá trabalhando e organizando a mente, porque quando surgir a oportunidade para aquela realidade, você já estará pronto para alcançá-la.

Ainda tenho uma segunda lição muito importante: **abençoar o lugar em que você está, o relacionamento que você tem, a vida que você vive atualmente, para você ir para o lugar que você quer, para a nova realidade que você quer criar.**

Se você amaldiçoar o que já tem, nada de novo vem até você, porque você estará na reclamação, que é clamar duas vezes – portanto, você clama por mais situações ruins.

Visualize, sinta, traga um sentimento forte em relação ao desejo e abençoe a vida que você tem hoje, assim o Universo vai lhe trazer coisas novas.

Se você não reconhece o que tem hoje, não consegue atingir coisas novas. Por isso, abençoar é tão importante, é a energia da gratidão.

Pode parecer bobeira, mas, se você não agradece, permanece numa frequência do desprezo, e nela nada do que você quer acontece.

Faça
pelo menos
3x
por semana

ACREDITE! O **GRANDE SEGREDO** É NÃO DESISTIR DE COCRIAR SUA REALIDADE.

Mantra para trazer dinheiro

Que bom que você está aqui comigo!

Respire fundo, solte o ar, conecte-se com sua essência e repita mentalmente o mantra que vou lhe ensinar agora:

Eu me amo *e está tudo bem!*

Convoco agora minha matriz divina *e toda inteligência suprema.*

Sou fonte infinita de resolução de problemas. *Para minha alma tudo é bonança!*

Desperto minha mente consciente para *perceber as bênçãos que chegam até mim.*

Me abro para o novo e reconheço as *oportunidades que o Universo me permite!*

Reconheço que tenho a Prosperidade em mim e *desperto o Fluxo da Vitória!*

Minha alma vibra no amor, *no bem e na tranquilidade.*

Eu me amo *e está tudo bem!*

TÉCNICA BÊNÇÃOS A PAGAR

Esta técnica é para você que não aguenta mais contas a pagar, boletos chegando e a preocupação em pagá-los que vem atormentando sua cabeça.

A primeira coisa que temos que ter muito claro é que todos nós temos um **PENSAMENTO GOVERNANTE.**

Ele é criado pelas nossas crenças – que é tudo aquilo em que acreditamos com muita força – e, algumas vezes, essas crenças podem ser limitantes quando falamos sobre o financeiro, e criam nosso paradigma (conjunto de crenças) que direcionam nossa realidade.

Todas as vezes que pensamos em algo com muita força, acionamos um sentimento e assim criamos, em torno da nossa existência, uma energia, que é a nossa **ASSINATURA ENERGÉTICA**.

Sempre que amaldiçoamos, por meio de reclamações ou insatisfações, uma conta que chega, mais disso será enviado a nós, porque o nosso pensamento governante está ligado à escassez.

A PERGUNTA QUE VEM É:
POSSO USAR A FORÇA DO PENSAMENTO PARA TRAZER MAIS DINHEIRO PARA MINHA VIDA?

Não só pode, como deve!

A conta que amaldiçoamos veio de algum bem ou serviço que você usufruiu, portanto, será a energia de escassez, mesquinharia, de não valorização do dinheiro que já tem que você emanará ao Universo por meio da sua assinatura energética?

Não deve ser assim. Com esta técnica quântica, você conseguirá alterar a sua assinatura energética e, assim, ressignificar a sua energia em relação a suas contas a pagar!

Tudo o que chegar de bom em sua vida, abençoe, inclusive suas contas, pois você usufruiu desse benefício. Assim, tudo chegará a nós com facilidade, abundância e de infinitas fontes!

TÉCNICA: PEGUE UMA CAIXA, ENVELOPE OU PASTA. **ESCREVA:** BÊNÇÃOS A PAGAR, E COLOQUE LÁ DENTRO TODAS AS SUAS CONTAS.

TODAS AS VEZES QUE VOCÊ PAGAR UMA CONTA, AGRADEÇA POR ELA ESTAR PAGA E COLOQUE NA CAIXA. SE VOCÊ QUISER, PODE FAZER DUAS CAIXAS OU ENVELOPES, E NA OUTRA ESCREVA: **BÊNÇÃOS PAGAS.**

Fazendo as pazes com o DINHEIRO

Repita estas **Afirmações Poderosas** sentindo o significado de cada uma delas.

Preste atenção na reação que elas causam em você.

Dinheiro Abençoado,
que bom que você chegou em minha vida.

Dinheiro Abençoado,
que bom que agora somos amigos.

Dinheiro Abençoado,
que bom que eu e você estamos nos entendendo.

Dinheiro Abençoado,
sou feliz por ter você comigo de forma abundante.

Dinheiro Abençoado,
eu faço as pazes e perdoo qualquer coisa do passado pela qual eu tenha me magoado contigo.

Dinheiro Abençoado,
eu reconheço seu valor e cuido de você.

Dinheiro Abençoado,
eu acredito na sua importância.

Dinheiro Abençoado,
sei que mais de você vem para mim e permito que você venha.

Dinheiro Abençoado,
eu peço perdão por todas as vezes que reclamei de você.

Dinheiro Abençoado, eu amo você e está tudo bem!

ANOTE AQUI QUAIS SENTIMENTOS PERCEBEU SE MANIFESTANDO EM VOCÊ

REFAÇA AGORA AS AFIRMAÇÕES E VEJA O QUE MUDOU, E ANOTE:

VOCÊ PODE REFAZER

3X POR SEMANA.

EM HORÁRIOS ALTERNATIVOS.

ATÉ PERCEBER UMA MELHORA NOS SENTIMENTOS E NAS EMOÇÕES VINDAS DE SUA RELAÇÃO COM O DINHEIRO.

TÉCNICA DO

CHEQUE *quântico*

COMP 520 | BANCO 741 | AGÊNCIA 8 | C1 8 | CONTA 318798

R$ ____________

PAGUE POR ESTE CHEQUE A QUANTIA DE: ____________

A ____________

BANCO DO UNIVERSO *William Sanches*

____________, ______ de ____________ de ______

____

520 - 7142732189-3 - 1231115025